Jakob Julius David · Erzählungen aus Mähren

DEUTSCHE BIBLIOTHEK DES OSTENS

Herausgegeben
von
Karl Konrad Polheim und Hans Rothe

Nicolai

JAKOB JULIUS DAVID

# Erzählungen aus Mähren

Herausgegeben
von
Jiří Veselý

Nicolai

In Verbindung mit der Kommission zum Studium der deutschen Geschichte und Kultur im Osten an der Universität Bonn


Lektorat: Carolin Hilker-Siebenhaar, Katrin Wiethege
Umschlagbild: Joža Uprka, Musikanten aus Hroznova Lhota, 1902;
Nationalgalerie, Prag;

Satz: Mega-Satz-Service, Berlin
Druck und Bindung: Passavia GmbH, Passau

Printed in Germany
ISBN 3-87584-479-3

# Die Schwachen

Der Bauernhof wollte nicht einschlafen. Noch nie hatte die Bäuerin die Mägde so oft und zu so später Stunde vom Ziehbrunnen wegscheuchen müssen als in jener Nacht vor Ostern, noch nie hatten die Tiere in den Ställen so viel und so heftig an ihren Ketten gezerrt. Das klang dann gell und häßlich durch das schwere Dunkel. Endlich war alles still; nur ein starker Wind fuhr mit Brausen durch das Tal. Er trank die letzten weißen Streifen fort, die von den unfernen Kuppen des Odergebirges herüber fast gespenstig durch die Finsternis leuchteten, und rauschte mächtig in den kahlen Kronen der Bäume. Mit wahrer Beklommenheit horchte die alte Frau darauf, spähte nach dem einsamen Lichtschimmer, der aus einem einzigen Fenster des Hauses brach: „So verstört ihm alles die erste Nacht! Dann soll er Ruhe finden!" seufzte sie.

„Wer denn, Mutter?"

Sie schrak zusammen. Es war so dunkel, daß sie niemanden hatte kommen sehen, daß sie dieser Anruf ganz unerwartet betroffen hatte. Nun erhob sie sich von der Bank, auf der sie gesessen. Auch jenes Lichtlein, danach sie so ängstlich ausgespäht, war erloschen, und sie konnte nun auch schlafen gehen.

„Du bist's, Thomas?" sprach sie dann. „Wo warst denn so lang? Und du weißt doch, daß dir die Nacht kein gut tut!"

„Die Wege sind schlecht, und es hat seine guten drei Stunden hin und zurück bis zur Tante Marie. Ich hab' wissen wollen, wohin sie morgen in die Kirche gehen. Also zu uns. Aber wer kann keine Ruh finden, Mutter?"

Sie wurde ärgerlich. „Das kannst dir denken“, erwiderte sie heftig, doch leise. „Oder weißt wirklich nicht, daß dein Bruder heute heimgekommen ist?“

„Ja so, der Heinrich ist wieder da! Dann möchtest du freilich am liebsten auch dem Wind das Pfeifen verbieten.“

„Du bist schlecht, Thomas, schlecht und neidig!“

„Und ein Krüppel, den keiner mag“, ergänzte er.

„Du bist kein Krüppel, das weißt du. Nur schwach bist du. Aber schlecht mußt du nicht sein darum. Du weißt gut, daß er so lang fort war und nicht zu Haus bleibt.“

„Umgekehrt wär dir's gewiß lieber, Mutter!“

Sie wurde ernstlich böse. Er erkannte das daran, daß ihr das Tuch von den Schultern glitt und sie vor Eifer nicht darauf achtete. „Du weißt am besten, daß das nicht wahr ist“, rief sie. „Aber soll ich mich nicht freuen, wenn mir der Ältere wieder einmal im eigenen Bett schläft, statt bei fremden Leuten? Und warum nicht? Weil du neidig bist und nicht weißt, was Gott ist, und was das heißt, jemandem danken?“

„Was soll ich denn dem Heinrich danken?“ Sie merkte, daß sie zu viel gesprochen habe. „Dem Heinrich? Wer spricht vom Heinrich? Gott, uns allen sollst du danken, statt uns jede Freud' zu verderben. Und jetzt geh schlafen, hörst?“

Mit raschem Griffe zog sie ihr Tuch höher und ging. Thomas Grenzer sah ihr nach. Dann pfiff er nachdenklich und gedehnt einen Takt und folgte ihr langsam. Es ward ganz stille im Hofe, der dem ersten Ostertage entgegenträumte; nur die Bäuerin grämte und härmte sich und konnte keinen Schlummer finden. Wie hatte sie sich auf Heinrichs Heimkehr gefreut, und nun – ? Fast wollte sie dem Jüngeren grollen, fast verwünschen, was sie für ihn getan. Aber er war ja so schwach, so kränklich! „Ja, der Thomas, der Thomas!“ Sie wiederholte diese Worte, bis sie über ihrem eintönigen Klange einschlief.

Auch Heinrich Grenzer hatte eine schlechte Nacht gehabt. Zu Fuß war er das weite Stück Weges von der Haltestelle der Eisenbahn nach Hause gegangen; einsam wollte er nach so langer Trennung die Heimatserde beschreiten. Schon diese Wanderung durch die ihm vertrauten und dennoch so fremd gewordenen Gefilde brachte manche Erregung; dann aber war ihm die Mutter gedrückt und nicht so herzlich erschienen, als er wohl erwarten durfte, sie zu finden. Überdies fehlte ihm sein gewohntes Wiegenlied: das gemach verzitternde, nimmer stumme, lang nachhallende Gedröhne der Großstadt, das ihn einzuschläfern, dann, anschwellend, wieder zu wecken pflegte. So fand ihn denn schon das erste Licht wach. Er erhob sich, tat seine besten Kleider an und verließ vorsichtig und leise das Haus. Jeder Schritt weckte ihm Erinnerungen, wie er so durch den elterlichen Grund zu einem kleinen Bühel hinanstieg. Hart vor den Scheunen hatte er den letzten Streit mit dem Vater gehabt, den Zwist, der ihn für lange Jahre von der teuren Schwelle verbannte. Damals mußte er schweigen, nun aber, wo er vielleicht sprechen, sich rechtfertigen gekonnt hätte, nun war es zu spät...

Er ging sinnend weiter. Ja, sie waren beide Dickköpfe gewesen, sein Vater und er. Aber, das empfand er, der alte Mann hatte ihn immer lieb gehabt, lieber als den Thomas, und er begriff auch, wie sehr es den stolzen Bauern schmerzen mußte, als sich sein Ältester plötzlich, kaum daß er die Mittelschule, das Militärjahr hinter sich hatte, weigerte, den Grund zu übernehmen, dort weiterzuarbeiten, wo seine Ahnen gesessen und geschafft hatten. Und dennoch fühlte Heinrich, daß er nicht anders handeln gekonnt. Oder hätte er die Mutter anklagen sollen? Die Mutter, an der er so hing? Was die tat und wollte, mußte das Beste sein. Das glaubte er heute so fest wie damals, da man die Fichten zuerst auf dem kahlen Berge hinter ihrem Hause angepflanzt, den Häuslern zum Jammer, die so wiederum eines Weideplatzes für ihre Ziegen verlustig wurden und nicht wenig über die Härte der Großbauern klagten. Er blickte nach der Schonung hin; die hatte sich ganz gewaltig ausgewachsen, während er ferne war.

Er sah nach der Uhr. Es war noch früh am Tage, und so umzog er in einem großen Bogen das Dorf. Nur wenige waren schon wach; die feiertägige Stille um ihn, der Anblick der geputzten Menschen taten ihm wohl. Mancher sah ihm verwundert nach; er meinte langsam zu gehen und sputete sich dennoch mehr, als es ein Bauer an Festtagen tut. Ab und zu grüßte einer; er achtete nicht darauf. Aber erkannt wurde er von niemandem. Wer sollte auch seiner gedenken, fünfzehn Jahre, nachdem der Großbauer Grenzer seinen Buben verstoßen hatte, weil sich der aufs Studium tun wollte? Auch diesen ersten Morgen hatte er sich anders ausgemalt, da er klopfenden Herzens heimgekehrt war.

Die Mutter allein erwartete ihn; in der guten Stube hatte sie dem hohen Feste, dem lieben Gast zu Ehren decken lassen. Das geschieht sonst zum Frühmahl nicht. Der Thomas war schon fortgegangen, und nun mußte der Heimgekehrte berichten. Er staunte, in wie wenige Worte sich die harten Kämpfe so vieler Jahre bringen ließen. Sie horchte wortlos, da er von den Entbehrungen der Studentenjahre, der Pein des Stellungsuchens erzählte, und seufzte manchmal leise. Nur einmal legte sie ihre braune Hand wie liebkosend auf seinen Arm. Er blickte lächelnd auf; sofort zog sie diese zurück und sah schämig zu Boden. „Ich hab' nur wissen wollen, ob's noch der alte ist. Aber der ist stark geblieben, ein rechter Bauernarm, Heinrich!"

„Er hat auch rechtschaffen arbeiten müssen, Mutter", erwiderte er ernsthaft.

„Nun, und der Herr hat's dir gesegnet! Siehst du, daß ich

gewußt habe, was ich begehr', und daß es dir gut gehen muß? Und hast dich doch so lang bitten lassen!"

Ein Schatten flog über seine Stirn. „Lassen wir das, Mutter, das paßt schlecht zum Ostersonntag."

„Du trägst mir's nach, Heinrich?" Sie schrie beinah in Seelenangst.

„Nein, Mutter. Aber es wäre mir viel erspart geblieben, hätt's anders sein können. Aber" – er wollte einlenken – „herausgeputzt hast du dich heute!"

Sie lächelte wieder. „Weißt, wenn ich schon wieder einmal mit meinem schönen Sohn zur Kirche gehen kann! Das war schon gar lange nicht mehr. Und ich möcht's heute ganz so haben wie damals, wo der Thomas noch nicht auf der Welt und wie er noch klein war. Er kommt heute auch nicht zum Mittag nach Haus. Jetzt aber" – sie blickte nach der Pendeluhr, einem Stolz des Hauses – „jetzt aber: mir scheint, wir könnten gehen. Es ist hübsch weit."

Die Dorfstraße war belebter als sonst wohl. Buben haschten halbwüchsige Mädchen und bedrohten die Kreischenden mit Gertenhieben, wie das hier üblich ist am Ostersonntag seit altersher. Geputzt bewegten sich kleine Leute der Kirche zu; Großbauern, ihrer Würde und ihres eigenen Kirchenstuhles eingedenk, schritten behäbig den gleichen Weg. Mancher kam von weither; er mochte Pferde im Stall haben und ging doch zu Fuß, denn es ziemt sich, daß auch das liebe Vieh an einem solchen Tag seine Ruhe habe. Die Sonne schien hell, und die braunen Furchen der Felder, das junge Grün der Wiesen, alles erschimmerte übergoldet. Oft mußten Mutter und Sohn stehen bleiben; man sprach sie an, man wechselte die üblichen Redensarten, hieß den Heimgekehrten willkommen. Heinrich entsann sich fast aller wieder; selbst ihre Spitznamen fielen ihm wieder bei. Viele darunter waren seine Genossen auf der Schulbank gewesen; die hatten längst ihr eigenes Heim gegründet, und wenn er sie nun sah, stark, behäbig, selbstbewußt, und erwog, wie er alleinstünde in der Welt, wie das einzige Wesen, welches ihm zugehörte, die alte Frau an seiner Seite sei, dann wollte ihn ein starkes Gefühl der Heimlosigkeit überkommen, ein gewaltiges Sehnen zugleich, derselben ein Ende zu machen. So sah er denn ernst drein während des ganzen Weges, wußte dabei wohl, daß man ihm das als Stolz auslegen werde, und konnte doch nicht anders. Nur einmal lächelte er doch: ein Riese, ungeschlachte Kraft in jeder Bewegung, zog vor Frau Katharina und ihm ehrfurchtsvoll den runden Hut. „Das ist der Janko, weißt, der bei uns gedient hat, und den seine Annerl schlägt", flüsterte ihm die Mutter zu. Der Gedanke, daß dieser Mann, dessen Kraftstücke das Staunen aller gewesen waren, sich von seinem Weibe, von einem hübschen, blonden, schmächtigen Geschöpfe, schlagen lasse, erschien ihm denn doch zu spaßig.

Sie betraten die Kirche, und es war Heinrich wiederum, als wollte ihn heute alles wehmütig stimmen. Die einfachen und doch so würdigen Formen des lutherischen Gottesdienstes griffen ihm unendlich ans Herz; junge, blühende Gesichter waren allenthalben, wohlgeschulte Stimmen sangen die alten Osterlieder mit. Die Sonne schien durch die Fenster, ihre Strahlen ließen manch blondes Haargeringel wie Gold erglänzen. Er kannte keines der Mädchen mehr: die Gespielinnen seiner Jugend waren wohl längst allesamt ehrbare Eheweiber.

Eine nur schien ihm bekannt. Sie saß neben einer früh gealterten Frau, und nur aus der Ähnlichkeit mit der Tante Marie, für die er knabenhaft geschwärmt und deren Bild, wie sie in jungen Jahren gewesen, ihm noch hell in der Seele stand, meinte er ihre Tochter erraten zu haben. Gewiß, das konnte nur die Lise sein, bei deren Taufe er vor langem in den Ferien zu Gaste gewesen war. Er konnte sich nicht satt sehen an ihr; es war ein gar zu liebes, reines Gesichtchen, das sich andächtig über das Gesangbuch neigte, während die Stimme des Mädchens wie ein helles Glöcklein durch den Chorgesang tönte. Ihr Anblick machte ihn fröhlich; er beschloß, nicht zu warten, bis ihn die Mutter bekannt machen werde, denn hier wäre ihm ihr gleichmäßiges: „Mein Sohn, der Fabrikdirektor" unerträglich gewesen.

Während also der Kantor mit einem kunstvollen Orgelsatz den Gottesdienst beschloß, während des Gedränges, das nun entstand, entwischte er Frau Katharinen. Er hatte einen Scherz vor; klopfenden Herzens, ob ihm der wohl gelingen werde, wartete er.

Ein übles Vorzeichen bedünkte es ihn, daß der Thomas mit den beiden kam. Er war seinem Bruder keineswegs feind – wer Opfer für einen anderen bringen mußte, wird diesen nie hassen, weil er sich besser fühlt – aber er mochte doch nicht gern mit ihm zu tun haben. Trotzdem trat er auf das Mädchen zu, ohne des Thomas zu achten. „Grüß Gott, Lise!" sprach er und hielt ihr die Hand hin.

Sie sah ihn neugierig und fragend an, dann tat sie ihre Hand in seine. Er aber zog sie an sich und küßte sie herzhaft auf die Stirn.

Sie erschrak. Große, blaue, verdutzte Kinderaugen schauten sich um, ein kleines Mündchen verzog sich schmollend und weinerlich; der Mutter kehrte sie sich zu. „Aber ich kenn' den Herrn gar nicht", kam es gedehnt über rote Lippen.

„Mein Bruder, der Heinrich!" beeilte sich Thomas zu erläutern.

„Der Vetter Heinrich?" Mit unverhohlener Neugier musterte ihn nun Lise. Er gefiel ihr offenbar; stark, breitschultrig stand er vor ihr, wie einer, der sein Anteil an dieser Erde hart erkämpft hat und nicht gewillt ist, auch nur das kleinste Teilchen dessen aufzugeben, was er sich erstritten. Ihre Blicke glitten an dieser mächtigen Gestalt aufwärts, dann huschten sie prüfend, vergleichend zum anderen hinüber. Dabei schüttelte sie leise den Kopf; daß die beiden einander auch gar so unähnlich sahen!

Thomas mochte empfinden, daß dieser Vergleich unmöglich zu seinen Gunsten ausfallen könne. „Wir müssen gehen", mahnte er mürrisch, „adjes, Heinrich." Er nahm den Arm des Mädchens, die alte Frau folgte. Heinrich Grenzer aber verweilte noch auf dem Kirchenplatze. Seine Mutter hatte sich zu ihm gefunden, er aber achtete ihrer kaum, er blickte dem Kleeblatt nach. Plötzlich wandte sich Lise; eine Blutwelle schoß Heinrich ins Gesicht: offenbar, sie hatte sich nach ihm umgesehen.

Auf dem Heimweg hatten Mutter und Sohn die Rollen gewechselt. Sie war ernst, er vergnügt, fast lustig. Halbwegs holten sie einen ein; von ferne her schon erkannte ihn Heinrich: so merkwürdig breitspurig konnte nur der Janko daherschreiten. Seine Pfeife war ausgegangen; nun stand er am Wegeraine und mühte sich, Feuer zu schlagen. Heinrich bot ihm eine Zigarre, er betrachtete das Ding mißtrauisch, dann steckte er sie ein. „Ihr erlaubt doch, Herr?"

„Gewiß, Janko. Und wie geht's sonst?"

„Man schind't sich, Herr Direktor, aber es geht."

„Und was macht die Annerl, Janko?"

„Nu, was die Weiber alle machen."

Heinrich bezwang sein Lachen kaum. „Alle? Es werden doch nicht alle ihre Männer hauen, wie die Annerl dich."

„Haut sie mich, Herr Direktor?"

„Die Leute sagen so."

„Dann wird's schier wahr sein." Der Schwamm hatte endlich Feuer gefangen, Janko tat ihn auf den Tabak und saugte mächtig am Rohre.

„Und du läßt dir's gefallen?"

Frau Katharina zupfte ihren Sohn am Ärmel, und er setzte sich wieder in Bewegung. Neben ihnen her trottete aber Janko, dem es offenbar wohltat, sich über diesen Punkt einmal gründlich aussprechen zu können. „Ja, was wollt Ihr denn da tun, Herr Direktor?" seufzte er.

„Man könnte fortlaufen, Janko."

Der Riese schüttelte abwehrend den Kopf: „Das schickt sich nicht für einen Mann."

„Oder man könnte zurückschlagen."

Janko blieb stehen: „Herr, das geht auch nicht. Ihr dürft mir's glauben. Ich hab mir oft gedacht: giebst ihr eins. Aber es geht nicht, Herr. Ich bin stark, und sie ist schwach. Sie bleibt mir ja unterm Hieb. Wäre sie nur so stark wie ich, dann wär's gut. Mit einem, der so ist wie ich, kann ich raufen. Aber sie ist zu schwach, Herr, und da ist nichts zu machen."

„Du magst schon recht haben, Janko."

„Hab' ich's?" Der Starke rief's ganz erfreut. „Hab' ich's, Herr Direktor? Wissen Sie, sie sagt immer, ich bin so dumm. Freilich, sie ist gescheit, ich glaub, die Kaiserin kann's gar nicht mehr sein. Aber – ich muß nach Haus. Gute Ostern, Herr Direktor!"

„Gute Ostern, Janko!" antworteten Mutter und Sohn.

Der Ostersonntag verlief, wie er sollte: still, ruhig, friedvoll. Frau Katharina war selig, daß ihr Heinrich aß, wie sich's gehörte, daß er fröhlich war, wie dereinst. Sie ging sogar gegen Abend mit ihm in den Feldern spazieren. Erst mit dem Dunkel kam Thomas heim: er war bei der Tante, dann im Wirtshause gewesen. „Und er weiß doch, daß ihm das Trinken nicht gut ist", klagte die Bäuerin bekümmert ihrem Älteren. „Er tut's auch sonst nicht, er muß sich rein geärgert haben."

„Vielleicht, weil ich wieder da bin", meinte Heinrich.

„Fängst du auch an? So schlecht ist er nicht. Aber die Lise wird muckisch gewesen sein."

Auch der Ostermontag verlief freundlich. Wieder gingen Heinrich und Frau Katharine zusammen in die Kirche; diesmal aber horchte der Mann nur nach einer bekannten Stimme, freute sich, als er die aus dem Gesange aller herausfand, musterte das Köpfchen, dessen zierliches Rund von einer Fülle goldbrauner Haare umgeben war. Auch Lise schien es ahnend zu empfinden, daß sie beobachtet wurde, sie neigte sich tiefer auf ihr Gesangbuch, und Heinrich hätte beschwören mögen, daß sie rot geworden sei. Sie tat aber dennoch ganz vertraut, als sie der Vetter vor der Kirchentür anredete. Sie selbst sprach wenig; dann wußte sie so allerliebst zu lachen, daß es eine Freude war. Beim Abschiede – wieder drängte der Thomas darauf – hielt er ihre Hand lange fest und sah ihr in die Augen. Sie errötete darüber; das ließ ihr so gut, daß sich Heinrich abermals freute.

Dafür war es fortab daheim desto ungemütlicher, Frau Katharine ersichtlich gedrückt, Thomas heftig und oft betrunken. Er kommandierte im Hofe herum; zumeist und am lautesten dann, wenn er den Älteren in der Nähe wußte, just als ob er zeigen wollte, daß er denn doch der alleinige Herr im Hause sei. Das kränkte den weiter nicht. Frau Katharinens kummervolles Gesicht aber griff ihm ans Herz. So wanderte er denn viel in der Gegend umher, die gerade in jener Zeit ihre kargen Reize am freigebigsten entfaltete. Jeder Hügel bot weite Fernen; schon stand der Schwarzdorn in Blüten; allgemach begann das Weiß des Kirschbaumes zu erglänzen. Ihn berührte das wie nie gesehen, das Bedürfnis nach Aussprache aber empfand er kaum. Wie hätte er das auch befriedigen wollen? Zu erzählen hatte er der Mutter nichts mehr. Frau Katharine verschloß ihre Kümmernisse in sich, wie sie's gewohnt war. Vom Bruder aber schied ihn eine ganze Welt, und sie waren in allem zu sehr verschieden, als daß gemeinsame Erinnerungen, das Angedenken junger, einträchtiger Tage sie hätte verbinden können.

Gern sprach er bei Tante Marie vor, und in ihrem niedrigen Witwenhäuschen ward ihm eigentlich noch am wohlsten. Er durfte nicht alle Tage kommen, was er freilich am liebsten getan hätte; das litt die Lise nicht, die ganz resolut zu befehlen wußte. Dann setzte er sich auf eine große Kiste – „Die geht mit mir, wenn ich einmal heiraten tu'", hatte ihm das Mädchen gesagt – und sah ihr zu, was sie flink bei der Arbeit war. Denn es lag ihr viel ob, und er merkte gar wohl, wie knapp es den Leuten gehen mußte. Oft sann er, wie er ihnen helfen könne. Ihm wollte kein Mittel einfallen; mit Geld war da nichts zu machen; sie waren stolz. Aber das Bild der kleinen Base wurde ihm ein getreuer Gesellschafter, verwob sich mehr und mehr mit seinem Sehnen nach einer Seele, mit der er alles teilen, der er alles mitteilen könne, wurde ihm desto wichtiger, weil er mit niemandem von ihr sprechen konnte. Die Mutter hörte nicht gern davon; einmal gedachte er des Mädchens, und als er auf die Frage, was ihn denn so sehr zu Tante Marie zöge, geantwortet hatte: „Die Lise!" da erschrak sie förmlich. „Um Gotteswillen! Du wirst doch nicht? Das dumme Mädel!" Er hielt es für einen Ausbruch des Stolzes, mit dem sie auf ihn blickte und dem kein Weib gut genug für ihn dünkte. Den ahnenden Aufschrei vernahm er nicht, in den sie ausbrach, kaum daß er sie allein gelassen hatte; er hörte ihr schmerzliches: „Ich werd' ihm wieder weh tun müssen! Ich werd's wieder müssen!" nicht.

Heinrich Grenzer hatte im Leben wenig zu tun gehabt mit Frauen, geliebt nur eine: seine Mutter. Er war der Erstgeborene; zwei Geschwister, die dann kamen, waren rasch nacheinander weggestorben, kaum daß sie in die Welt geguckt hatten. Nach jedem neuen Verlust klammerte sich die Bäuerin mit desto schmerzlicherer Zärtlichkeit an den einen, der ihr verblieben, der also Gelegenheit fand, die ganze unermeßliche Fülle von Liebe, welche eine Mutter spenden kann, auszukosten, zu genießen, zu vergelten, durch eine unbedingteste Hingebung. Als dann der Thomas geboren ward, da war Heinrich halberwachsen und verständig genug, um zu begreifen, daß dieses Kind, welches aus einer Krankheit in die andere fiel, besonderer Pflege, besonderer Rücksicht bedürfe; es erklärlich zu finden, daß sich das ganze Hauswesen fortab um den neuen Ankömmling drehen mußte. Dann, als er nach dem letzen großen Streit mit dem Vater in die Welt gegangen war, ohne andere Unterstützung als das Geringe, das ihm die Mutter heimlich zukommen lassen konnte, da hatte er mit sich selbst viel zuviel zu tun gehabt, als daß er an wohlfeile Abenteuer hätte denken mögen. Danach stand ihm sein stolzer Sinn auch nicht. Noch war ihm kein Weib begegnet, von dem er gewünscht hätte, es möge sein bleiben; es waren wohl auch die besten nicht, die ihm entgegengetreten waren. So hatte er sich denn allgemach in das Gleichmaß seiner Tage eingesponnen, wohl gar geglaubt, er sei wunschlos geworden; denn frühe Sorgen, harte Arbeit hatten ihn arg mitgenommen. Nun empfand er, daß er noch wünschen könne, nun befiel ihn ein Grauen, gedachte er seiner einsamen, stillen Wohnung im lauten Fabriksgebäude, des gleichgiltigen Dienergesichtes, das dem Müden darin den Willkomm bot. Er verglich die Lise im Geiste mit allen, die er kannte, und sie schien ihm wahrer denn alle: echt und naiv, wie er sich sein Weib wünschte. Sein Bauernblut regte sich mächtig: ein Ekel überkam ihn vor überfirnißter Bildung, vor erlogenen Schmerzen, wie sie ihm so oft begegnet, wie er sich alle Städterinnen nunmehr dachte.

Die Lise schien ihm anders.

Ob auch besser? Darüber sann er nicht nach. Aber ihn

wollte bedünken, er gewönne die Heimat wieder, die er so schwer vermißt, nach so harten Kämpfen aufgegeben hatte, wenn er ihre beste Blume mit fortnahm in sein neues Heim. Es war ein fremdes Sehnen in ihm; nicht als hätte er sich verhehlt, wie viel geringer die Bildung des Mädchens sei neben seiner, als hätte er nicht empfunden, daß seine Neigung stärker sei als ihre. Aber selbst das war ihm nur ein Anreiz mehr; es schien ihm hold, sie an sich heranzubilden, bis sie ihm ebenbürtig in jedem Betrachte zur Seite stünde; die halbkindliche Zuneigung, von der sie ihm so manchen, er glaubte unbewußten Beweis gegeben, zu entfachen zu rechter Liebe an der Glut der seinen. Es war vielleicht die Frühlingsluft, die so herb und dennoch lind über die Wiesen strich, geschwängert vom Dufte feuchten Grases, die ihn also aufrührte und dennoch so laß im Denken machte; aber wenn er neben der Lise saß, ihre Hand in seiner, dann schien ihm sein Leben zwecklos, zöge er so einsam von dannen, wie er gekommen. Und war das nicht auch das beste Mittel, ihrer Not, die ihm täglich mehr ins Herz schnitt, ein Ende zu machen?

Eine Aussprache, eine offene Erklärung suchte er darum doch nicht. Mit der schien es ihm nicht zu eilen; ein Freier, den man leichten Herzens abwies, war Heinrich Grenzer nicht, und es gefiel ihm gar wohl, wie es nun einmal war, es freute ihn zu sehen, wie sich eine knospende, herzlichere Neigung betätigte, während das Mädchen nie jener Achtung vergaß, die er beanspruchen durfte. Einmal war er der Entscheidung allerdings ziemlich nahe: sie hatten gescherzt und gelacht und sahen nun selbander in die fallenden Schatten hinaus. Und da, mit dem ersten Stern, der aus dem Dämmern aufstieg, fragte er sie plötzlich und unvermittelt, ob sie mit ihm fort möchte, für immer fort aus der Heimat. Sie nahm es fast wie einen Scherz, sah ihn scheu und dennoch schalkhaft an: „Du, dann müßten sie aber gnädige Frau zu mir sagen, wie zu der Frau Zuckerfabrikdirektor?" wurde dann plötzlich rot und verwirrt und schlug die Augen nieder: schon wollte sie Heinrich an sich ziehen, als plötzlich der Thomas erschien. Da riß sich das Mädchen los und sprang behende ins Haus; Thomas ihr nach, und sein häßliches, blutleeres Gesicht sah noch fahler aus, als gewöhnlich. Zum erstenmal kam Heinrich der Gedanke, es könne zwischen den beiden vielleicht doch ein Verhältnis bestehen, enger als bloß verwandtschaftliche Bande bedingten. Aber das schien ihm wiederum nicht gut möglich, und wenn – den Nebenbuhler scheute er nicht! „Einmal hat's mir der Thomas abgewonnen, weil er schwach ist", sprach er vor sich hin, „kommt er mir diesmal ins Gäu, dann könnten wir quitt werden."

Zu Hause – er hatte einen weiten Umweg gemacht – fand er die Mutter arg verstört. Thomas war früher heimgekommen, unsicheren Ganges, und hatte mit der Bäuerin eine lange Unterredung gehabt. „Er muß fort, fort, fort", hatte er dabei so laut, mit der Faust auf den Tisch schlagend, geschrieen, daß man's im Flur hören konnte, „fort, oder es gibt was. Du hast ihn hergebracht, du mußt ihn wieder fortschicken. Es ist kein Platz für uns zwei." Heinrich beachtete an jenem Tage nichts, nicht einmal die rotgeweinten Augen Frau Katharinens. Er war mit sich und seinem Entschlusse im Reinen, und das beschäftigte ihn viel zu sehr, als daß er auf anderes hätte achten können. Die Bäuerin aber kämpfte sichtlich mit sich. Einmal begann sie schon: „Du Heinrich …" Da er sie aber ansah, schwieg sie alsbald. Nur als er schlafen ging, fiel sie ihm aufschluchzend und ganz unerwartet um den Hals. Er streichelte liebevoll und zerstreut ihre Wangen: „Was hast du denn, Mutter? Du wirst mir ja nervös wie die Weiber in Wien."

Es ist ein eigen Ding um ein Mutterherz. Die arme Frau konnte davon erzählen, wie bittere Leiden es mit sich bringt, mit seinem Empfinden zwischen zwei Kinder gestellt zu sein, immer uneins, immer gleich zwei wilden Füllen gewaltsam an getrennten Strängen zerrend; immer den Mittler spielen zu müssen, wo es keine Vermittlung gibt, keine andere Lösung, als daß einer dem anderen weiche. Immer hatte bislang der Bessere den schlechteren Teil gezogen; sie wußte, daß es auch diesmal nicht anders werden könne, mußte sogar selber dahin arbeiten, so sehr sich ihre tiefste Seele dagegen sträubte. Sie war müde und ängstlich darüber geworden und mußte sich dennoch sagen, daß ihr der schwerste Kampf eigentlich noch bevorstünde.

Aber – sie wollte ihn doch hinausschieben, solange es irgend ging. Das konnte ihr doch gewiß niemand verargen. Auch lebte noch eine letzte Hoffnung in ihr. Vielleicht hatte den Thomas seine Eifersucht verblendet, vielleicht dachte Heinrich gar nicht an die Lise. Das dumme Mädel! War es denn die gar wert, daß man so viel Herzeleid ertragen mußte um ihretwillen? Sie zürnte ihr, zürnte, so groß war der Einfluß des Thomas, die Furcht vor ihm in ihr geworden, selbst dem Älteren und brach dennoch immer wieder in ihren Klageruf aus, so oft sie sich unbeachtet wußte: „Ja, der Thomas, der Thomas!"

Auch im hinteren Geheg, wo die Tante Marie wohnte, ging es derweilen verstört genug zu. Die Lise lachte nicht. Eine Entscheidung, vor der ihr bangte, empfand sie nahe. Von Kind auf wußte sie sich dem Thomas bestimmt, und es war Glück genug, Großbäuerin zu werden, daß man über manche Mängel des Bewerbers hinwegsehen durfte. Nun nahte ihr ein anderer, Begehrenswerterer, der ihr unbedingt besser gefiel, dem sie's auch offen genug gezeigt hatte, der ihr aber doch fremder war, wenn über die Fehler des älteren Freiers Gewöhnung ihren mildernden Schleier gebreitet hatte. Es war kein Zweifel, Heinrich war ihr wert; Thomas aber sicher. Auch fiel ihr plötzlich bei, wie alt, wie klug der Heinrich eigentlich wäre, wie wenig sie für ihn passe. Sie machte sich Vorwürfe und glaubte doch keine zu verdienen: das mindeste übellaunige Wort der Mutter zwang ihr Tränen ab, und sie hieß sich dann unglücklich und bedauernswert. Sie ersehnte den Sonntag, der – sie ahnte es – Lösung aller Wirrnisse bringen mußte, denn es war der letzte, ehe Heinrichs Urlaub ablief, und zagte dennoch davor.

Nach einer Reihe von Regentagen brach der Sonntag schöner an, als man hätte erwarten dürfen. Noch im letzten Augenblick wollte die Lise gar nicht mit in die Kirche gehen. Ihre Mutter war schon bereit, einsam die Wanderung anzutreten; da sprach das Mädchen: „Just!" und putzte sich heraus, so gut sie's konnte. Und um den Hals tat sie ein Granatenkreuzchen, das sie vom Thomas hatte und das er gern an ihr sah; das Haar aber legte sie so, wie es dem Heinrich immer am besten gefallen hatte, und flocht ein blaues Band hinein. Mit trotziger Verzagtheit besorgte sie das alles und sah nun den Dingen entgegen, die da kommen sollten. Singen aber konnte sie jenes Tages vor innerer Erregung nicht in der Kirche. Und so kam es, daß Heinrich vergeblich nach der Stimme horchte, deren Klang er so liebte.

Als der Gottesdienst zu Ende war, suchten beide Brüder in die Nähe des geliebten Mädchens zu kommen. Thomas war behender, schon das verdroß den anderen. Auf dem Platze vor der Kirche trat er die beiden an; mühselig suchte er nach einer Einleitung, aber die Gegenwart des Thomas beengte ihn, und so würgte er denn die Worte in sich hinein. Vom Unwichtigsten sprach er, während ihn, während alle doch die peinlichste Unruhe verzehrte. Endlich war der Raum vor der Kirche ziemlich leer: nur die beiden alten Frauen standen dem Kirchentore näher, anscheinend im lebendigsten Gespräche, wobei Frau Katharine doch in tiefster Angst auf jedes Wort lauschte, das vor ihr fiel. Da wandte sich die Kleine: „Mutter, wir werden gehen müssen."

„Wart' noch ein bißchen, ich muß dir was sagen", rief Heinrich. Nur noch ein Gedanke war in ihm lebendig: daß er zu Ende kommen müsse.

„Was denn?" Ihr Herz schlug, sie nestelte mit der Hand an dem Schnürchen, daran das kleine Geschmeide hing.

„Daß ich dich lieb habe, Lise. Willst du mit mir, nach Wien, mein Weib?"

„Das wird schier nicht gehn." Der Thomas stellte sich vor den Bruder hin; er war ganz bleich vor Erregung und zitterte.

„Wer hat mit dir geredet? Was geht's dich an?"

„Es wird mich doch stark angehn, wen ein Mädel heiratet, wenn's mit mir versprochen ist!"

„Mit dir versprochen? Davon habe ich nichts gehört. Sprich, Lise."

„Wir sind noch nicht versprochen", gab das Mädchen leise zurück.

Da überkam den Thomas Angst und Wut. Er vergaß alles: die Furcht vor dem starken Bruder, seine Schwäche. „Und wenn wir's noch nicht sind, du weißt, daß es die Mutter so will, Lise. Und du wirst dich nicht wegwerfen an einen, den der Vater hat aus dem Haus schmeißen müssen, weil er ein Tunichtgut ist und keiner Schürze Ruh hat lassen wollen. Und wenn du schon willst, ich leid's nicht, und die Tante darf's nicht leiden."

Heinrich wurde aschfahl. Und mit merkwürdiger Ruhe – sie wirkte ganz unheimlich – begann er: „Also aus dem Hause hat mich der Vater geschmissen? Weil ich keiner Schürze hab' Ruhe geben wollen? Ich weiß eine andere Geschichte, und du kannst sie hören!"

„Ich mag nicht. Komm, Lise!" rief Thomas ängstlich.

„Du mußt!" Eine eherne Faust umschloß das Handgelenk

des anderen mit unbarmherzigem Griff. „Also, es waren zwei Brüder. Der eine war schwach und krank, der andere gesund und stark. Erben hat nur einer können: sie waren Bauern, und den Grund hat man nicht teilen können. Und der andere hat einen offenen Kopf gehabt und gern gelernt. Und da ist die Mutter zu ihm gekommen in einer Nacht und hat ihn gebeten: ‚Siehst du, du bist klug und wirst dir forthelfen. Aber der Thomas? Was soll's mit dem Thomas? Er taugt ja zu nichts! Nicht einmal Knecht kann er sein. Und soll er sein Lebtag herumliegen und das Gnadenbrot essen? Erbarm' dich, Heinrich!' Und da hab' ich mich geschunden, und du wirfst mir's vor, du Schuft!" Er ließ ihn fahren, er stieß ihn hart von sich, daß er taumelte.

„Du lügst."

„Was?" Alle erzwungene Selbstbeherrschung verließ den Starken. Wie eine Dogge einen kleinen Kläffer in die Höhe hebt und zaust, so lüpfte er den Thomas und schüttelte ihn. „Was? Du Krüppel! Du Schuft! Ich lüg'?"

„Heinrich!" Frau Katharina fiel ihm in den Arm.

Seine Linke traf sie hart, daß sie zurückfuhr: „Laß!" Er war schon wieder Herr seiner selbst. Den Thomas ließ er fallen, daß er schütternd zu Boden schlug. „Ich hab' mich vergessen", sprach er dann dumpf. „Nun aber sprich, Lise, wen willst du? Sprich! Wer soll dich heimbegleiten heute?"

Die Lise nestelte immer ängstlicher an ihrer Schnur. Die riß, das Granatenkreuzchen fiel zur Erde. Geheime Neigung sprach für den Starken, Furcht vor der Mutter regte sich in ihrer Seele; tiefinneres Grauen erweckte in ihr der furchtbare Zornesausbruch, dessen Zeugin sie gewesen, echt weibliches Mitleiden regte sich in ihrer Brust für den so jammervoll am Boden Liegenden. Und mit zuckendem Munde flüsterte sie: „Mutter, ich denk', wir gehen. Wir finden schon allein, Mutter. Was?"

Heinrich Grenzer war allein. Nur jenes Kleinod lag da; wie Blutströpfchen, versprengt und hell leuchtend, blinkten die Steinchen. Er bückte sich und hob es auf. Dann ging auch er. Er empfand die Notwendigkeit, einen weiten Weg zu machen, um jenen gewaltigen Zorn, der noch in ihm schrie, zu sänftigen, zur Ruhe zu bringen. So schritt er durch die jungen Ährenfelder, die Wiesen dahin; wenn er aber daran dachte, die Lise könne das Weib des Thomas werden, dessen feige Gemeinheit ihm gerade heute widerwärtiger denn je entgegengetreten war, dann quoll die alte Wut neu in ihm auf. Hier wich er nicht, hier gab er nicht nach. „Tausend alte Weiber mögen sich dawider stemmen“, knirschte er.

In solcher Gesinnung kam er heim. Finster durchmaß er den Hof, die Stuben, ohne zu grüßen, ohne aufzublicken, bis er in seine Stube kam. Ihre Tür warf er hinter sich zu, daß es dröhnte. Dann begann er mit zitternden Händen sein Gepäck zu versorgen; unordentlich warf er die Sachen in seinen großen Reisekoffer. Daß er auch diese Nacht nicht mehr im Elternhause weilen konnte, war ihm klar. Im Wirtshause wollte er bleiben, dann mit dem Frühesten alles mit der Lise auf gleich bringen, dann fort für immer.

Dabei aber überfiel ihn doch eine seltsame Müdigkeit. Seine Seele war seit dem Morgen von den heftigsten und stürmischsten Regungen durchzogen worden; gegessen hatte er seit dem Frühstück nichts – nun machten Körper und Geist, beide gleicher Art erschöpft, ihre Ansprüche geltend. So ließ er sich in dumpfer Ermattung nieder, ihm wurde recht wirr, und die tiefe Stille im Hause verstörte ihn beinah. Sie zwang ihn zur Einkehr in sich – und ein leises, fernes Gefühl der Scham meldete sich in seiner Brust, daß er sich vor der Kirche so weit hatte fortreißen lassen.

Da klopfte es an die Tür. Er rief nicht „Herein!“, er veränderte seine Stellung nicht, wie er so, die Hände auf den Tisch gestützt und den Kopf darauf gesenkt, dasaß. Er wußte, nur die Mutter konnte es sein. Und mit lauter Stimme, hart und tonlos sprach er: „Es hilft dir nichts, Mutter. Ich gebe nicht nach."

Frau Katharine erwiderte nichts. Nur vor dem Koffer kniete sie nieder. Die Sachen, die wirr genug darin lagen, packte sie aus und tat sie hinein, wie es sich gehörte. „Das gute Zeug! So damit umzugehn", seufzte sie dabei.

Ihr Schweigen beklemmte ihn. Er fühlte ein starkes Bedürfnis, sich auszusprechen. „Und mir hast du nichts zu sagen, Mutter? Und du siehst doch, daß ich weggehe, und das für immer."

Sie war fertig. Der Deckel des Koffers wollte nicht schließen, und sie setzte sich also darauf. „Wozu? Es hilft ja doch nichts, hast du gesagt. Ich lass' mich nicht zweimal wegstoßen."

„Hab' ich dir weh getan, Mutter?"

„Da stößt er mich mit voller Kraft und fragt dann, ob's weh tut. Aber mir scheint, das trifft ein Bauernknecht auch. Dazu braucht man nicht Fabrikdirektor zu sein."

Die Röte seines Unrechts färbte ihm die Stirn. „Verzeih, Mutter", bat er.

Sie versperrte den Koffer, legte die Schlüssel vor ihm nieder und wendete sich der Tür zu. „Ich muß nach dem Thomas sehn."

Eine heftige Besorgnis erfaßte ihn. „Dem Thomas? Was ist mit dem?"

„Nichts; was soll sein? Der Zorn, der Schrecken, dann wie er hingefallen ist – er hat auch getrunken vor Schand'. Jetzt kann ich sehen, wie ich ihn wieder auf die Füß' bring'."

„Du hast viel Plage mit ihm, Mutter!"

„Ja, die hab' ich, das weiß Gott. Und wenn ich verlang', man soll mir was davon abnehmen, dann heißt's gleich, ich bin ungerecht und parteiisch, und man vergißt Gott und das vierte Gebot. Aber ich bin's schon so gewöhnt."

„Du tust mir groß Unrecht, Mutter, ich..."

Sie fiel ihm ins Wort: „Ja und da wird man mir wieder vorhalten, was man schon alles getan hat. Das war auch schwer! Ein gesunder, kluger, starker Mensch, der was gelernt hat und der einem armen Krüppel nicht das Brot wegnimmt. Hast recht, Heinrich, du hast viel getan!"

Er fuhr auf: „Die Heimat hab' ich fahren lassen, weil du's gewollt hast. Durch die Welt hab' ich mich geschlagen und hab' mir's gefallen lassen, daß man mich noch darum beschimpfte, weil du's für gut befunden hast. Und jetzt, weil ich einmal nicht will, weil ich das Mädchen nicht aufgebe, das ich gern hab', jetzt sprichst du so mit mir?"

Sie trat auf ihn zu. Aus nächster Nähe und voll sahen ihn die guten blauen Augen an. „Hör' mich: ich hab' nicht anders können, Heinrich. Oder hätt' ich ihn auch dorthin legen sollen, wo deine zwei Geschwister liegen? Der Mensch soll nicht Herrgott spielen wollen. Da hab' ich mich gefreut, daß meine zwei Buben gut daran sind; ist dir's schlecht gegangen, dann hab' ich's mitgelitten und geholfen, was ich nur hab' können, und hab' immer gewußt, es muß anders werden. Endlich habe ich mir sagen gedurft: es ist, wie es sein soll. Der Starke, der hat sich selbst geholfen. Und alles war umsonst!"

„Alles umsonst? Wie denn, Mutter?"

„Wie? fragst noch? Jetzt, hab' ich geglaubt, heiratet der Thomas die Lise, und er hat sie gern. Da wird er das Trinken lassen und wird gut; er geht ja so nur ins Wirtshaus, wenn ihn was kränkt. Da kommst du, und alles ist aus. Daß sie dich lieber nimmt" – ihr ganzer Stolz auf ihn brach durch – „das ist doch sicher. Aber er braucht sie gewiß mehr als du. Und du taugst gar nicht für sie, du bist viel zu gut und viel zu alt für sie. Das, hab' ich gemeint, wirst du doch einsehn. Aber nein, was dem Thomas gefällt, das mußt du haben. Jetzt kann ich auf meine alten Tage fort vom Hof."

„Du? Ich versteh' nicht, Mutter. Und wenn, dann kommst du zu uns."

„Ich taug' nicht in die Stadt, das weißt so. Hier hab' ich sterben wollen, weil ich hier zu Haus bin. Das geht jetzt nimmer. Ich kann's nicht ansehn, wie der Hof verkommt, weil der Bauer ein Trinker wird. Und glaubst du, der Thomas bleibt ledig? Der bleibt's nicht. Aber was kann er für eine kriegen, wie er schon ist? Eine schlechte höchstens, und mit der bleib ich nicht zusammen. Eine, die ihn noch verhetzt, die ihn rein ums Geld nimmt und es vertut, die ihn peinigt. Und er bleibt ihr gewiß nichts schuldig. Dabei kann ich nicht zuschauen. Eine brave hätt' er bekommen: die Lise. Die läßt sich nicht weh tun, weil sie keinen lieb genug hat dazu; der tut er nichts an, weil er sie zu lieb hat. Und so recht martern kann einen doch nur eines, das man so recht gern hat. Ich merk's heute."

„Mutter, und ich? Soll ich so einsam bleiben? Bin ich nichts?"

„Du, kriegst tausend – bessere, schönere. Wer weiß, ob sie dir in der Stadt noch gefällt, wie sie dir hier gefallen hat? Wer weiß, ob du nicht ins Elend kommst und hast deinen Bruder hineingebracht? Du? Du hast deine Arbeit, hast die Stadt, gehst fort, kannst vergessen, wirst's. Aber er? Ich? Heinrich! ich bitt' dich!" Und alle Selbstbeherrschung vergessend, stürzte sie vor ihm nieder und hob bitter schluchzend beide Hände im Jammer zu ihm auf.

Was hart in ihm gewesen war, es schmolz bei diesem Anblick. Seine Mutter kniete vor ihm! Er hob sie auf, die noch immer weinte. Auch seine Brust arbeitete stark; widerstrebendste Empfindungen rangen darin.

Die Frau ward ihrer Erregung zuerst Meisterin. Sie trocknete ihre Augen. Das Haupt ihres Lieblings lag auf der Tischplatte, daß kein Auge Zeuge der Kämpfe würde, die seine Züge verzerrten; mit milden Händen fuhr sie ihm durch das braune Haar. Jetzt erst fiel ihr auf, was sie früher nie bemerkt hatte. „So grau, Heinrich, so grau!" klagte sie leise.

„Das ist nun einmal so", kam es dumpf zurück.

Dann erhob er sich. „Du sollst recht haben", sprach er. „Aber du stehst mir gut für die Lise – hörst du! Und du wirst begreifen, daß ich nicht mehr hier weilen kann, nicht einen Augenblick mehr. Mit seinem Wagen kann ich nicht fahren, sein Knecht soll mir nichts tragen. Schick' mir um den Janko. Der hat mir zuerst gesagt, was es ist um mich und den anderen. Du hast mir arg weh getan, Mutter!"

„Heinrich!" Ihre Tränen flossen wieder ungestüm.

Er ließ sie sich ausweinen an seiner Brust.

Im Abenddämmern verließ Heinrich Grenzer den Ort. Er schritt mühsam und schwerfällig. Hinter ihm stapfte der Janko, und es war eine große Stille um die beiden. Nur eine letzte Lerche fiel ein und barg sich im jungen Getreide, nur das Wehen des Windes zog. Der Janko wußte nicht, wie ihm ward; aber wie er den gebeugten Mann vor sich hinwandeln sah, da kamen ihm die Worte eines alten Liedes in den Sinn, und er sang sie vor sich hin in die junge Kühle:

Ich hab' kein Haus, ich hab' kein Nest,
Ich hab' kein Hochzeit und kein Fest;
Ich hab' nicht Hof, ich hab' nicht Feld,
Ich hab' kein' Heimat auf der Welt;
Am Himmel selbst der Hagelstrich,
Den fürchten sie nicht so wie mich.
Mir geht's nicht gut, mir geht's nicht schlecht –
Und so, gerade so ist's recht...

Getragen zogen die Töne in das Dämmern. Da brach Heinrich Grenzer am Wegerain nieder. Die Rechte umkrampfte das Kreuzlein der Lise, daß es zerbrach; dann schlug er beide Hände vors Gesicht und schluchzte heimlich.

Zur selben Stunde aber trat der Thomas zur Frau Katharine. „Ist er fort, Mutter?"

„Ja, Thomas."

„Du mußt morgen zur Tante Marie gehen, Mutter, und alles auf gleich bringen."

„Muß es morgen sein? Möchtest nicht warten, Thomas?"

„Es geht nicht länger. Sonst kommt wieder so ein Lump und will sie mir wegschnappen. Es muß sein, ich ertrag's sonst nicht."

Dem Schwachen gegenüber war sie schwach, die so hart gegen den Starken gewesen. „Ich werde 'nübergehen. Sei ruhig, Thomas, ich bring's auf gleich."

# Ruzena Capek

Der Prozeß ist annoch beim Kreisgericht Ungarisch-Hradisch anhängig.

Wie die Geschworenen, für die zum Teil selbst der Aufenthalt in dem kleinen mährischen Städtchen schon eine Zerstreuung wie mannigfache Aufregung bedeutet, darüber urteilen werden, läßt sich durchaus nicht vorhersagen. Unter allen Umständen: der Anwalt freut sich der großen Aufgabe, die seiner harren wird, und macht gar kein Hehl daraus.

Der Fall aber, der ein junges und tapferes Weib unter einer schweren Schuld des Gattenmordes auf die Anklagebank geführt hat, ist vielleicht merkwürdig genug, um so erzählt zu werden, wie er im Heimatsdorfe der Ruzena Capek umläuft. Hätten wir französische Geschworene[1], so müßte man sich über ihr Schicksal keinerlei Gedanken machen. Denn ihr eigenes Gewissen hat die Ruzena durchaus nicht zu fürchten. Was sie getan hat, kann davor bestehen und war höchst notwendig, nicht nur entschuldbar nach ihren Begriffen.

* * *

In der Heimat der Ruzena gab es natürlich keinen anderen Gesprächsstoff.

Jeder wollte dies Ende ihrer Ehe vorausgewußt haben und fühlte sich also als Weiser und Kündiger der Zukunft.

Zeugen wurden einvernommen und berichteten daheim gewichtig, wie sie ausgesagt und sich vor den Herren vom hohen Gericht benommen hätten.

Jede Einzelheit der letzten Jahre wurde so entrollt und durchgesprochen. Denn das Dorf hat ein erstaunliches Gedächtnis für alles, was einen daraus angeht oder betroffen hat.

Nur diejenige, die am meisten gewußt hätte, die Teresa, die Schwester der Angeklagten, hielt sich ganz still für sich und weinte sich für sich aus. Übrigens lag ja nunmehr auch die volle Sorge für das große Anwesen und den Bruder allein auf ihr. Keine Kleinigkeit, wenn man noch selber so sehr jung ist und bis vor kurzem geneigt gewesen war, sich als Kind zu betrachten und hätscheln zu lassen.

Übrigens war die Ruzena Capek immer ein eigenes Mädel gewesen. Ganz für sich und gar nicht wie die anderen.

Nämlich, sie hatten ihr doch beide Eltern hintereinander begraben. Sie waren an der Cholera gestorben, da die Älteste eben erst zu ihren Jahren und zu ihrem Verstand gekommen war.

Den Bruder, der den Hof hätte übernehmen sollen, den hatte man in einem Raufhandel zu einem elenden und gottesarmen Krüppel gestochen. Füttern und anziehen mußte man ihn wie ein kleines Kind, er konnte nur stammeln und deuten, was er wolle, und ganz so, mit einem grenzenlosen Mitleiden, hatte ihn die Ruzena gern und sorgte dafür, daß es ihm an nichts fehle und er seinen Platz in der Sonne habe, die ihm wohltat. Sie litt nicht, daß man ihn bemitleide. Innerlich, meinte sie, sei er immer noch klüger als die meisten. Er sehe und begreife alles gar wohl. Nur herzeigen könne er es nicht mehr, der Arme, seit damals, wo so viele wie die wilden Tiere über den einen herfielen und ihn so mörderisch mit Schlägen und Messern behandelten. Der Schrecken saß in ihm und lähmte. Ja freilich, es gibt kein böseres Volk als die Welschen, die Taljani, die dazumal im Dorf gearbeitet. Wich diese Angst einmal, so wurde er zwar leider

Gottes gewiß nicht mehr heil, aber sonst ganz, wie er gewesen war.

Von ihren Verwandten mochte sie durchaus nichts wissen. Nämlich, das waren lauter Bettelleut' und hatten nichts im Kopf, nur wie man die Ruzena scheren und um das Ihrige prellen könnte. So ein Waisengut, das ist wie Heu in einer Raufe. Jedes Roß, das vorübergeht, möchte sich sein Maulvoll davon abrupfen. Es gibt gar viele, die es nicht anders ansehen, als wär' es herrenlos und jeder könnte danach greifen, bis man ihm eben nachdrücklich und so auf die langen Finger klopft, daß er es merkt; und wie man das so macht, daß es weh tut, dies hatte die Ruzena bald heraus. Das kommt mit der Übung, und hernach hat man's nur so im Griff.

Man hatte ihr natürlich von Gerichts wegen einen Vormund bestellt. Das ist nun einmal so bei uns; und sei ein Weib noch so tüchtig, es muß jemand zu seiner Aufsicht eingesetzt sein. Ein weitläufiger Vetter war es, ein recht dürftiger Hund, der die Ruzena gerne geheiratet hätte, weil er ein angejahrter Witwer war. Sie ließ sich anglotzen, soviel er nur mochte; das schadet weder, noch beißt es einem was ab; ließ ihn von der Heiligkeit des Ehestandes reden, soviel ihm gesund war. Darein reden in ihre Wirtschaft ließ sie sich kein Wort, und nur manchmal, wenn er es ihr gar zu dumm und gar zu lästig trieb, warf sie ihm einen fetten Bissen hin. Danach schnappte er so heftig, daß er sein Maul zu nichts anderem gebrauchen konnte.

Und so hauste Ruzena Capek auf ihrem Hof mit ihrer Schwester Teresa und mit dem armen Krüppel, den nie und nimmer zu verlassen sie sich geschworen hatte. Zu sorgen und zu betreuen hatte sie genug, und mehr erwartete und verlangte sie nicht einmal vom Leben. Denn sie war früh ernst gewesen und ward es nur immer mehr. Man hatte nie von einer Liebschaft auch nur gemunkelt bei ihr.

Sie war nicht im mindesten hübsch. Sie sah nämlich viel schwächer aus, als sie sich hernach bei der Arbeit erwies. Ihr schlug kein Essen an. Etwas bläßlich war sie immer, und sie färbte sich nicht besser, auch wenn sie sich noch so sehr anstrengte. Auch der Mund war schmal wie ein Strich und nur ganz wenig rot, die Nase länglich geraten und etwas spitz, das Haar und die Augen aber waren schwarz. Sie lachte fast niemals, und man hörte nie ein lautes Wort von ihr; sie hatte einen traurigen und nachdenklichen Blick und war eigentlich am hübschesten, wenn sie neben dem kranken Willem saß in einer Pause, die sie sich selten genug gönnte, und sie streichelte ihm seine sehr magere Hand und erzählte ihm mancherlei, das er mit einem immer gleichen stumpfen Kopfnicken vernahm. Verstand er's? Sie hätt' ein Jurament darauf abgelegt. Und wenn schon nicht? Der behielt alles bei sich und verriet kein Sterbenswörtchen.

Denn sie haßte den Klatsch, der im Dorfe so heimisch ist, aus den tiefsten Gefühlen ihrer Natur heraus. Und sie traute niemandem. Gegen wen sie sich stellten, der hatte bei der Ruzena schon darum etwas für sich. Und deshalb hielt sie sich so, daß keinerlei Gerede ihr zu nahe konnte, und verkehrte mit keinem, für so hochmütig man sie auch beschrie. Etwas mußten sie ja jedem anheften. Da war dieses noch immer das Beste.

An die Ehe dachte sie nicht. Denn sie fühlte sich ganz wohl und geborgen, wo sie war. Sie hatte keine Liebe zu Kindern und keinen Sinn für Zerstreuung. Ihre Unabhängigkeit, die sie schwer genug behauptet hatte, die wollte sie nicht mehr preisgeben. Es war ihr widrig, sich jemanden neben ihr zu denken, dem sie Rechenschaft über jeden ihrer Schritte, wohl gar von ihren Gedanken schulde, der sich Rechte über ihre Handlungen und ihre Person anmaße, die sie aus freien Stükken niemandem zugestanden hätte.

So kamen die Freier und gingen. Die Nachbarinnen, die vordem der Vermittlung so beflissen waren, ließen in ihrem Eifer nach. Welche Bekanntschaft man ihr nahelegte, es war mit der Ruzena nichts zu beginnen. Sie beharrte: die Teresa, käme sie zu ihren Jahren, sollte heiraten. Die werde hübsch und dumm und unselbständig genug. Sie aber wolle mit dem Willem, und sonst allein bleiben.

* * *

Es war zu Beginn des Novembers gewesen.

Die Sonne schien hell. Sie überglitzerte und taute das dünne, klirrende Eis, das der vorzeitige Allerheiligenfrost über Nacht auf Tümpeln und Lachen gebildet hatte.

Vor dem Flecken erhob sich ein Hügel, ansehnlich genug für dieses flache Land. Er soll dem Volksglauben nach die Marke der Züge des wilden Zizka[2] bedeuten. Bis hierher trug er die Glut des Scheiterhaufens von Konstanz[3], ehe er sich wandte, um zu sterben. Und darum heißt die Höhle bis diesen Tag „Kehr' um, Zizka!"

Der Bursche, der einen Tag nach Allerseelen da oben stand, erwog gleichfalls, ob Umkehr nicht vielleicht das Vernünftigste wäre.

Die Bäume waren entlaubt, und so stellte sich mehr als sonst vom Dorfe dar. Man sah das weiße Schloß, den Kirchturm und jenes Gebüsch, das den Lauf der March umsäumt und andeutet. Der Strom selber schmiegte sich zu innig in den winterlich braunen, reichen Talgrund, ging auch zu seicht, als daß man sein Blinken hätte gewahren können.

Der Wanderer sah aus, stark und häßlich wie ein Gnom. Viel zu kurz geraten für die Breite seiner Schultern. Ein mächtiger Schädel, mit dem man Mauern einrennen konnte, Augen trüb und verquollen wie die eines Trinkers, der gern in der Nacht schwärmt, ohne Brauen und fast ohne Wimpern, so daß ihr Blick etwas Unverschämtes und Aufreizendes hatte; keine Spur von Bart im Gesicht. So stierte er, die Hand vor der sehr niedrigen Stirne, nach der Ortschaft und war ungewiß.

Eigentlich hatte er da nichts zu suchen. Er war so viele Jahre fort gewesen, erst bei den Kaiserlichen, wo er nicht gut getan hatte, und den besten Teil seiner Dienstzeit ewiger Raufereien halber im Arrest verbrachte, dann auf Wanderschaft, halt nach dem Stückerl Brot, und so niemand hatte ihn da unten vermißt, daß er selber nicht wußte, was ihn eigentlich herzog, wo er nichts verloren oder zu finden wußte. Vielleicht, weil er da doch daheim war?

Wär' es noch Sommer gewesen! Da mußte man sich nicht um Obdach und Nahrung ängstigen. Man konnte in den Auen nächtigen, machte sich sein Feuer aus grünem Holz, damit einen die Gelsen[4] nicht bei lebendigem Leib auffressen, und was man an Futter braucht, das gab der Fluß oder man legte Fallen. Darauf verstand sich der Wojtech Hermann wie keiner, und kochen konnt' er: der vom Grafen hätt' immer noch was von ihm lernen können, trotz weißer Schürze und weißer Kappe, mit denen er sich so patzig machte.

Jetzt aber, im Winter! Wahrhaftig, er hätte meinen müssen, der Teufel selber habe ihn hergeritten. Da gab es wohl nichts anderes, wie arbeiten. Entweder in der Zuckerfabrik, bei den Kesseln, wo man vor der Hitze närrisch wurde, oder im Holzschlagen, wo man vor der Kälte wieder nicht zu sich kommen konnte. Und die Herrschaft weiß sehr gut, wer sich ihr jetzt verdingt, der muß nehmen, was er kriegt, und sie nutzt das und sie zahlt einen Lohn, daß man sich vor sich selber schämen muß, man rührt dafür nur eine Hand.

Aber wo war es denn jetzt besser? In der Stadt, wo man warten mußte, ob nicht vielleicht doch Schnee fiel? Die einzige Arbeit stockte, die ihm sonst behagte: die am Bau. Da mußte sich niemand mehr anstrengen, als ihm just paßte und zuträglich war, und man konnte immer seinen Spaß mit den Helferinnen treiben. Und das hatte der Wojtech gern, sehr gern.

Er zündete sich einen Nasenwärmer an. Ganz trübselig rauchte er vor sich hin. Ja, das war doch ein richtiges Hundeleben, das er von Kind auf geführt!

Er mußte wiederum lachen, wenn er sich die Gegensprüche beschwor, mit denen man ihn zum Abschied begabt. Nur, daß sie ihm nicht bis zur Dorfgrenze das Geleite gaben, der Gewißheit halber, daß sie seiner ledig würden. Ordentlich glücklich waren sie doch gewesen, ihn vom Halse zu bekommen. Das Gesindel!

Er blickte aufwärts. Der Himmel hatte sich grau umzogen, und ein springender Wind frischte auf. Ja, und nun schneite er ihnen mit dem ersten Schnee wieder in das öde Nest. Und dies war das Bestimmende für ihn und seine Rückkehr: sie würden sich mit dem wiedergewonnenen Mitbürger ganz über die Maßen freuen. Also: hinein denn ins Dorf!

Er nahm sein Bündelchen hoch. An den Stock, den er sich derb und dornig von einer Hecke geschnitten, band er sein blaues Taschentuch und ließ es gleich einer wehenden und siegreichen Fahne flattern. Zerlöchert genug war es dafür. Und breitbeinig und ganz entschlossen, ein Bursche, der sich vor nichts fürchtet, und dem Tod seinen Nasenstüber geben möchte, stapfte er durch die ersten fallenden Flocken in seine Heimat.

Es war im Talgrund wärmer als auf der Höhe. Er fühlte es, und das tat ihm wohl. Aus allen Schornsteinen stieg ein feiner Rauch und weckte Gedanken an allerhand gute und nahrhafte Dinge, die nun zu Mittag gekocht würden. Wojtech Hermann trat in ein Wirtshaus und ließ sich ein Stück Brot und ein tüchtiges Glas Schnaps geben, damit er sich nicht den Magen erkälte. Die Stube war so hübsch geheizt. Er wärmte sich am Ofen, überzählte seine Barschaft, seufzte und duselte. Denn wie Hunde und Katzen, so konnt' er einschlafen, wann es ihm gefiel.

* * *

Es war ihm eigentlich keinen Augenblick bang um sich und seine Zukunft. Wer sich von Kindesbeinen allein durchbeißen muß, der gewinnt einen gewissen Fatalismus. Er rechnet damit, daß ihm manchmal eine Nuß unterkommen wird, so hart, daß man meint, der Schädel krache einem.

Muß sie aber geknackt sein, so wird ein starkes Gebiß auch damit fertig. Es ist nur bitter, wenn der Kern hernach so ist, daß man spuckt und nochmals das ganze Gesicht verzerrt. Auch das ist nicht immer zu vermeiden.

Er war, gelinde gesagt – auf dem Dorf drückt man sich deutlicher aus – ein Waisenkind gewesen. So sehr sogar, daß man nichts von seinem Vater wußte, während die Mutter an seiner Geburt verstorben war. Mit dem lieben Vieh und wie dasselbe hatte man ihn aufwachsen lassen.

Wem er gerade zur ungelegenen Zeit – und willkommen war er niemals und niemandem! – vor den Füßen herumkrabbelte, der stieß nach ihm, ganz gleich, wohin er traf. So hielt's seine Pflegerin, so blieb's in der Sitte. Das war so, daß er sich beinahe wunderte, blieb er einen ganzen Tag ungepufft oder ohne daß eine mehr neugierige als sanfte Frauenhand untersuchte, ob wirklich sein eigenes Haar so struppig auf seinem viereckigen Schädel sitze.

Bei dem allen war er gediehen. Zu einer ungemeinen Kraft und Behendigkeit. Und weil er sich oftmals salvieren mußte, weil sehr früh jeder üble Streich im Dorf ihm zugeschrieben wurde, so kannte er bald jeden Schlich und jeden Steg wie keiner. Er war tückisch und grausam. Wer mit ihm raufte, den richtete er erbarmungslos zu, auch nachdem er ihn schon niedergeworfen hatte. Er sicherte sich so einige Ruhe. Zeigte ihn aber einer an, der konnte gewiß sein, daß ihm beim nächsten Baden in der March etwas Unangenehmes passierte, denn der Wojtech konnte schwimmen und tauchen wie ein Otter; oder daß ihn unversehens ein Steinwurf traf, ohne daß jemand zu erspähen war, der ihn getan haben konnte.

Er hatte dem Hirten späterhin geholfen. Und dies Leben hätt' ihm eigentlich für immer am besten gepaßt. Wenn er durch das Dorf mit seiner Peitsche knallen konnte, worin er es bald seinem Meister vortat, und es drängte sich das liebe Vieh heran, so kam er sich wie ein Befehlshaber vor und fühlte sich gewaltig und nicht ohne Grund herzlich beneidet von allen Buben, die zur Schule oder aufs Feld mußten. Draußen aber ward ihm erst recht behaglich. Da konnte man sich ein Fleckchen aussuchen, auf das die Sonne so warm schien. Sich hinräkeln in das sanfte Gras und in den hohen Himmel starren, der immer durchsichtiger ward, sich über einen senkte und zu Frühlingszeiten erfüllt war von unendlichem Lerchenjubel; um und um ein sanftes Gebimmel von großen und kleinen Schellen. Und man wurde schwindelig vor der vielen Bewegung, dem Bücken und Heben der vielen Tiere, den Farben: rotbunt, schwarz, weiß, scheckig, die sich auf dem grünen Grunde durcheinander schoben, schläfrig vor dem eintönigen Schnauben, und genoß einer innigen und schönen Trägheit.

Nur freilich, gehorchte ein Tier in seiner Unvernunft nicht augenblicklich, brach es die Reihe, oder versuchte es in eine Hecke einzudringen, oder sich im Kleefeld zu verlaufen, das so üppig und gefährlich lockte, dann geriet der Wojtech in eine besinnungslose Wut. Dann schlug er, wohin es eben traf, und der Hirte wagte nichts mehr gegen ihn. So sehr fürchtete er sich selber vor dem hinterlistigen und gewalttätigen Buben.

Das aber kam auf, und darum ließ man ihn nicht dabei. Ein Handwerk aber mocht' er durchaus nicht lernen. Und als ihm einmal der Herr Pfarrer, der obendrein Dechant war und sogar beim Fürstbischof etwas galt, eine väterliche Vermahnung hielt, was denn auf diese Weise mit dem Wojtech werden und ob er durchaus zur Hölle fahren wollte, da stand er wie ein Stock und stierte ihn ohne alle Gegenrede sehr frech an. Und als sich der Herr Dechant in seiner Bekümmernis, denn es ging doch um eine getaufte Seele, umsah, da stand der Bube immer noch, wo man ihn verlassen hatte, streckte die Zunge heraus, so lang es gehen wollte, und das Gewand des hochwürdigen Herrn war sehr hoch hinauf mit Kotklümpchen bespritzt. Darin hatte der Junge eine Fertigkeit, das mit den bloßen Zehen zu tun und ohne daß es einer merken konnte, der auf eine solche Niederträchtigkeit natürlich nicht gefaßt gewesen ist. So voll ausgespitzter Schlechtigkeiten war der Wojtech von kleinauf.

Er war wie ein Tier. Ganz ohne Scham oder Achtung vor einem, der nicht eben stärker war wie er. Er witterte aus, wann und wo die Mädchen badeten, und trieb damit unerhörten Unfug. Und mit den Italienern machte er Bruderschaft.[5] Ohnedies ist das ein Diebsvolk ohnegleichen. So paßten sie zueinander. Nun hatten sie gar einen, der ihnen jede Gelegenheit für Galgenstreiche ausspürte und verriet. Es läßt sich denken: gar nichts mehr im Ort war in alle Ewigkeit vor ihnen sicher. Natürlich kam bald alles, was sich begab, dem Wojtech aufs Kerbholz. Schlug man ihn, warf er sich gern unter mörderischem Geheule flach auf den Boden, und er verstand es alsdann, Anfälle und Zuckungen zu heucheln, daß man erschrak und von ihm abließ. Hatten sich seine Bedränger aber erst entfernt, dann hörte man einen grellen Pfiff, und der Wojtech verschwand mit einer unheimlichen Schnelligkeit, völlig munter und als wäre nichts geschehen.

Mit aller ihrer Mühe, nur ein dickes Fell haben sie ihm angeprügelt. Nun, und das kann einer gebrauchen, wie er war. Nicht eine Stunde in seinem nichtsnutzigen Leben war er krank. Da war ein großes Kindersterben gewesen. Er scheute keine Ansteckung. Er half dem Totengräber. Er trug die kleinen Leichen, um deren Genesung man gebetet, wenn man ihn jede Stunde nur verwünschte. Und ihm geschah nichts.

Damals traute er sich zuerst ins Wirtshaus. Mit seinem Gelde klimpernd, abgerissen, wie ein rechter Haderlak[6], saß er da und hatte keine kleine Meinung von sich. Man hatte Ärger über ihn. Nicht einer, der an diesem Tag in seinem Glas Bier oder in seinem Schnäpschen nicht ein giftiges Geschmäcklein verspürt hätte. Desto lieblicher ging es ihm ein. Er war fortab erwachsen. Und er brachte sich bald Kameraden mit, Halunken aus der ganzen Umgebung, die ihm zuliefen, ihn als Meister anerkannten und bewunderten und ihm bei allen Schlechtigkeiten halfen. Und mit Schelmenliedern voll Unzucht höhnten sie die allgemeine Trauer und lebten frech und sonder Gedanken in den Tag.

Es läßt sich somit denken, wie froh man war, als der Wojtech einrücken mußte. Man atmete auf, hoffte seiner für immer ledig zu sein. Und nun war er doch wieder da, frecher denn je, und jeder erkannte ihn, da er mit seiner Lumpenfahne durch das Dorf schritt, und alle Hühnersteigen wurden gesperrt. Daß der Teufel doch niemals den holt, den er sollte! Das ist doch der Teufel! Eben der rechte Teufel!

* * *

Tut einer in jedem Sinn seine Pflicht, gegenüber den Seinigen, der Gemeinde und dem lieben Gott, dann heißt es: er ist so weit ein ordentlicher Mensch.

So weit. Denn gerade in solchen Stücken müssen die Leute nun einmal immer eine Einschränkung machen.

Damit ist die Sache aber auch endgültig abgetan. Und darin soll er, neben dem Lohn in sich, von dem auch noch niemand fett geworden ist, sein Genügen haben und finden.

Treibt er aber rechten Unfug, macht er sich unliebsam in jedem Sinne, dann bereden sie ihn des Langen und Breiten. Und sie wundern sich über ihn, seine Streiche und seine Einfälle.

Er kommt in den Mund aller Welt. Und statt sich zu schämen, daß er so gar nicht guttun und seine arbeitsame Karre ziehen will für sein Kinderwägelchen voll loser Sachen, wird er, wenn er sonst danach ist, immer eitler und hochmütiger davon, als wär' er was rechtes, statt doch nur ein ausgewachsener Lumpenkerl zu sein.

Immer neue Nichtsnutzigkeiten heckt er aus. Ehe einem was Ordentliches einfällt, gar, ehe das ausgeführt ist, das braucht doch seine Zeit und will überlegt und festgemacht sein. Schlechtigkeiten aber schießen über Nacht auf, wie die Nesseln. Der sich an ihnen verbrennt, der schreit natürlich Zeter und vermehrt so den Spaß dessen, der sie gesät hat.

Und die Weiber schielen nach ihm und tun, als fürchteten sie sich. Und damit hat er denn auch schon einen Vorteil über sie, wenn er ihnen dann einmal unversehens begegnet. Und sie tuscheln, wann er vorübergeht, und winken einander heimlich mit den Augen, in die vielleicht mancher brave Junge sich rechtschaffen gern vergucken möchte. Und er versteht das zu deuten: und so gewinnt er's ihnen immer leichter ab und nutzt ihre Neugier und ihre Dummheit ohne jedes

Gewissen. Denn er hat selber keine Scham in sich, und darin liegt immer etwas Ansteckendes.

Und mehr Zeit, hinter ihnen her zu sein oder ihnen auf Feldwegen aufzupassen, hat er auch, wie einer, der seine Arbeit tut und hernach so müd ist, daß er Gott dankt, wenn er nur endlich seine Ruh hat. Und hat er sie satt, so läßt er sie stehen; und was können sie ihm anhaben, wo sie sich mit so einem überhaupt eingelassen haben? Und wenn es auch scheint, als tät' er etwas, so ganz bei der Sache ist ein richtiger Tagedieb niemals, daß er sich daneben nicht noch etwas ausspintisieren könnte.

So haben sie den Wojtech Hermann viel zu bereden gehabt. Denn in der ganzen Zeit, die er fort war, hat er nichts von seinen Teufeleien verlernt, und allerhand neue hat er sich ausgesonnen.

Wer nämlich Anlagen dafür hat, an dem bleibt immer etwas picken. Nicht anders, wie Fliegen an einer Leimspindel, die, wenn sie recht voll ist, auch nicht eben einen lieblichen Anblick gewährt.

Natürlich hat er seine Kameradschaft mit den Italienern wieder angefangen. Denn einer, der was war oder auch nur vorstellen wollte, der konnte sich mit diesem Habe- und Taugenichts doch keineswegs abgeben. Mindestens nicht, wenn einer in der Nähe war, der es sehen konnte.

Im Kalkofen haben sie geschlafen. Und wie abgerissen er war, dieses war dem Wojtech einerlei. Gegessen hat er besser wie die Bauern. Denn er war ein richtiger Dieb und hat es gehalten wie der rote Fuchs. Der stiehlt auch niemals in der Nähe, nämlich dort nicht, wo er sein Loch hat; dort nimmt er keine Feder weg. Jenseits der Dorfgrenze aber hört alles Gemeingefühl auf, und seinem Nachbar gönnt jeder neidlos einen Schaden. Hätt' er doch besser aufgepaßt! Und man reibt sich die Hände.

Schlechte Weibsbilder gibt's immer und allenthalben. Und wenn sie nur ihren Spaß haben, so ist's ihnen gleich, wie oder mit wem. Und vor dem Gendarmen, dem sonst kein Steuerzahler den Respekt verweigert, vor dem hat dieser Galgenvogel gar keine Achtung gehabt.

Wenn ihm der gedroht hat, er wird schon auf ihn und seine Schliche passen, so hat der Wojtech gegrinst, bis ihm sein Maul um die ganze breite Visage gegangen ist, und hat gemeint, er soll lieber nicht damit seine Zeit verlieren. Denn er könne sich vielleicht derweilen ein schönes Stück Geld und Ehre verdienen, indem er die Mörder der Madlena Hofmann finge, die man so jämmerlich umgebracht hat, ohne daß man bis heutigen Tages von den Tätern auch nur eine Ahnung hat. Entfernte sich der zornig, so spöttelte ihm der Wojtech nach, so eilig sei es nun wieder nicht. So in die Haut schlecht war der Hermann.

Man hat auch oft der Ruzena Capek von ihm und seinen Bübereien gesprochen.

Denn weil sich das Frauenzimmer so sehr still hielt und man es allgemein geachtet hat, so hat man ihr zugetragen, was sich begeben hat, damit sie doch wisse, daß sie in der Gemeinschaft lebt und dazu gehört. Dafür benützt man immer und überall am liebsten das Unangenehme.

Sie hat dann wohl zugehört, wie einer, der sich eben nicht helfen kann, der nicht unhöflich sein will und sich also lieber zwingt. Denn ohnedies hat man sie für sehr hochmütig gehalten.

Hatte sie aber genug, und hatte die Erzählende ihren guten Trunk Kaffee getrunken, auf den die Ruzena selber was hielt, und vom Kuchen, den die Capek so weiß buk, wie sonst niemand im Dorf, was natürlich jedesmal gebührend anerkannt und bewundert werden mußte, so viel in sich hineingelegt, daß nichts mehr Platz hatte, dann zuckte die Ruzena die Achseln und schürzte die Lippen so, daß man ihre spitzen Eckzähne sah, was sich sehr hoffärtig machte und jede Erörterung abbiß: „Laß mich in Ruh mit euerm Wojtech. Er ist ein Haderlak!“ Und sie wendete sich zu ihrem armen Krüppel und streichelte ihn und tat ihm schön nach Kräften. Und dabei dachte niemand im ganzen Ort so viel an den Haderlak, den Hermann, als eben die Ruzena in ihrer stillen Art, die es nicht begriff, wie ein junger und kräftiger Mensch so dem Herrgott den Tag abstehlen und mit sich und seinen Gaben nichts zu beginnen wissen sollte…

* * *

Es wäre alles gegangen, und man hätte sich am Ende an den unbequemen Gast gewöhnt, ohne seine verdammte Gewohnheit.

Er stichelte sehr gern. Und er hatte ein Maul von der Art, die man nach dem Tode erst noch extra einmal erschlagen muß. Sonst keift sie noch aus dem Grab heraus. Er mußte um jeden Preis und gegen allen seinen Vorteil immer das letzte Wort haben.

Ordentlich wie ein Weib war er darin. Und um einen Einfall oder einen schlechten Witz war er niemals verlegen.

Gegen jeden, er mochte noch so ehrbar erscheinen, hat er was gewußt. In seiner vielen freien Zeit hat er sich's ausgedacht, womit er einen ärgern konnte. Und weil er gute und überdies boshafte Augen im Kopf hatte, so hat er natürlich manches bemerkt, was ein anderer lieber übersehen oder vielleicht versteckt halten wollte.

Das war nicht anders, als hätte man einen Spitzel im Dorf, vor dem nichts verborgen bleibt und der es just da und dann auskramt, wann's einem am allerwenigsten paßt. Und so plötzlich und immer vor Zeugen warf er's einem an den Kopf, daß man gar keine Antwort wußte und nur völlig begossen dagesessen ist. Das verdrießt und frißt an einem.

Ein einzelner aber hätte sich nicht an ihn getraut. Denn er war so stark, daß nur der lahme Petrasch mit ihm hätt' allein fertig werden können. Der hatte wohl auch eine Wut auf ihn, weil der Wojtech ihn einmal beim Roßtäuscheln betrogen hatte, denn damit und mit Viehdoktorn, das er bei seinem Hirten angefangen und hernach beim Fuhrwesen ausgelernt hatte, gab er sich ab und verstand's über einen Zigeuner. Aber wo und wie hätte der Petrasch den Hermann denn erwischen sollen? Der war flink und vorsichtig wie sonst nur ein Marder.

Er hatte sich ein neues Gewand gekauft. Wie's ein richtiger Hannak[7] trägt, also durchaus nicht wohlfeil. Was brauchte er Bauerntracht, der doch kein Bauer war? Und wen hatt' er wieder um das Geld betrogen? Es stach natürlich vielen in die Augen, als er's am Samstagabend zum erstenmal in die Kneipe führte. Er war sehr gut aufgelegt und frecher und spottlustiger denn je.

Ein Bursch um den anderen begann mit ihm zu häkeln, bekam seinen Trumpf und verlor sich. Erst freute er sich seines Sieges; langsam wurde ihm nicht ganz wohl dabei, als er endlich so ganz vereinsamt in der Schenkstube zurückblieb. Auch die Dauertrinker gingen, nachdem sie viel gewispert und mit dem Daumen gedeutelt. Am Ende lauerten sie auf ihn. Und gerade diesen Abend war niemand von seinen Gesellen da. Am liebsten hätt' er auf einer Bank übernachtet. Oder hätt' er nur die Magd gekannt, daß sie ihn bei sich versteckte! Aber, leider Gottes, der Wirt hielt sehr auf Ordnung. So blieb er mindestens schuldig: kam er zu Schaden, so sollt' es wer anderer auch.

Draußen überfielen sie ihn. Den ersten Hieb, und der gab gleich aus, tat der lahme Petrasch. Sie schlugen ihn die ganze

Dorfstraße entlang. Jeder Ausweg war ihm versperrt. Er wehrte sich, so gut er konnte; aber es waren diesmal doch zu viele über einem.

Alles wurde wach. Schlaftrunkene Gesichter erschienen an den Fenstern, drückten an den Scheiben die Nasen noch breiter, als sie ohnedies waren, und grinsten schadenfroh, ehe sie verschwanden, da sie sahen, was sich begab. Das war doch ein famoser Spaß! Und wenn sie ihn schon totschlugen, es war um ihn ja gewiß kein Schaden. Die Hunde rissen an ihren Ketten und heulten und jammerten in allen Tonarten. Denn am Himmel stand ohnedies der Vollmond, der sie immer rebellisch macht.

Das war wie ein toller Schattentanz im geisternden Licht. Da und dort bot sich eine Lücke. Er nutzte sie oder er überrannte einen einzelnen. An ein Entkommen aber war dennoch durchaus nicht zu denken. Er teilte aus und empfing zehnfach. Immer ängstlicher wurde ihm. Er schrie jämmerlich um Hilfe und erhöhte damit nur das Vergnügen seiner Verfolger. Und wenn er sich die Kehle wund zeterte, für ihn rührte sich sicherlich keine Hand...

Es war eine richtige Hatz. Erbarmungslos, wie sie nur Bauerngroll, der Zins zu Zins schlägt, veranstalten kann. Und sie ging eine gute Viertelstunde lang ohne Unterbrechung bis zum Hause der Ruzena Capek. Dort schlug er hin. Der gab ihm noch einen Tritt, der einen letzten Streich. Er lag starr und steif da, mit verglasten Augen, die im Mondlicht doppelt schrecklich glänzten, und Schaum vor dem Munde. So fand ihn die Capek, die vom Lärmen natürlich auch wach geworden war.

Sie ließ ihn aufheben und zu sich ins Haus tragen. Er war völlig steif; sein Gesicht ganz mit Blut beronnen. Es brauchte lange Zeit, ehe er wieder zu sich kam und seinen ersten ordentlichen Schnaufer tat. Der Ruzena ward dabei im Innersten leichter: so, als hätt' sie einen Mord verhütet, der sich unter ihren Augen begeben wollte, oder mindestens ein schweres Unglück, das sie vordem einmal, als es ihr näher gegangen war, nicht hatte verhindern können.

Dem Hermann aber war sehr wohl. Er fühlte sich – Gott weiß, nach welcher Zeit wieder? – in einem ordentlichen Bett. Und eine weiche Hand wusch an seinen Wunden. Er richtete sich ein wenig auf und stöhnte mächtig; öffnete die verquollenen Augen und sah sein neues Gewand, mit dem er noch manchesmal Staat zu machen gehofft, das durchaus zerrissen, ärger war, als das er von sich getan, weil man damit schon gar nicht mehr unter die Leute gehen konnte. Ein häßliches Grinsen ging über sein breites Gesicht: „Ich sag's immer. An einem Haderlaken hält sich kein gutes Kleid. Er brennt's durch wie das Feuer", und er sank zurück und in eine neue schwere Ohnmacht.

* * *

Es war eine lange und mühsame Genesung.

Wojtech Hermann schien einen innerlichen Schaden genommen zu haben. Denn er hustete viel und hatte immerfort das Stechen in der Brust, vor dem sich Bauersleute am meisten fürchten.

Sah sie ihn so schwach und hilflos, der einmal mit seinen Streichen das ganze Dorf erfüllt und rebellisch gemacht, dann regte sich's mächtig in der Brust der Ruzena. Die Ähnlichkeit mit dem Geschick ihres Bruders, bei dem's nur leider so viel schlimmer ausgegangen war, erweckte in ihr das echteste weibliche Mitleiden.

Auch vertrug sich der Lump mit dem Krüppel vortrefflich. Einträchtig saßen sie auf derselben Bank. Er führte den armen Willem zu Tische, fütterte ihn mit den besten Brocken und leitete ihn hernach wieder an einen Platz, wo er's recht warm hatte, ohne daß er jemandem im Wege stand.

Wie ein Bruder war er zu ihm, wie ein leibhaftiger Bruder. Er hatte sehr geschickte Finger. Und so ersann und schnitzelte er denn Spielereien; eine Windmühle, die sich drehte, mit einer wirklichen Glocke, die zeitweise läutete und dem armen Krüppel tausend Spaß machte. Die Ruzena erkannte das dankbar. Schon daß sie nicht immer um den Siechen sein mußte – nicht in jeder Arbeit und jedem Gedanken durch die ewige Sorge um ihn und ob ihm in seiner Hilflosigkeit nicht etwas zustieße, gestört zu sein, darin lag für sie eine wesentliche Hilfe und eine große Beruhigung.

Und so verging der Winter dem Wojtech völlig wie im Himmel. Er hatt' es warm. Sein Tisch war gedeckt. Man war freundlich zu ihm. Denn man hatte sich mehr und mehr an ihn und seine Wunderlichkeiten gewöhnt, die er natürlich nicht so im Handumdrehen von sich tun konnte.

Zum Beispiel: es geschah ihm immer wieder, daß er sich wie ein anderer ordentlicher Mensch in seinem Bett niederlegte. Erwacht, fand er sich zu seiner großen Verwunderung im Stall oder im Heu, ohne Ahnung, wie er dahin gekommen sein könnte.

Aber um das Vieh nahm er sich mit einer großen Liebe an. Und das gedieh; darauf verstand er sich aus dem Grund. Riet er der Ruzena zu Kauf oder Verkauf, es lohnte sich immer, und sie folgte ihm da bald blind und mit dem besten Vertrauen. Auch ersann er Fallen, höchst sinnreich und von einer unerhörten Vortrefflichkeit gegen alle Arten von Ungeziefer. Wie ihm das alles nur einfiel und welche Geduld er hatte, bis sein Gedanke ganz in der Vollendung ins Leben getreten war, wie er sich ihn vorgestellt, das mußte man einfach bestaunen. Der Capek-Hof hatte Ruhe vor Mäusen und Ratten, und im Garten lebte keinerlei Gezücht mehr.

Nachdem er doch niemals einen Kreuzer Geld hatte, so entfiel manche Versuchung für ihn. Seinen Tabak, sobald ihm der Doktor das Rauchen erst wieder gestattet hatte, bekam er pünktlich jeden Sonntag für die ganze Woche. Den kaufte und mischte ihm die Ruzena selber, gut und reichlich, denn sie knickerte niemals.

Es hatte ein einzig Mal in der ganzen Zeit Verdruß gegeben. Nämlich: einmal hatte sich der Wojtech weggeschlichen. Da er heimkam, machte er sich heimlich hinterm Stadel ein Feuer und arbeitete dort für sich und sehr vergnügt, und es lief ihm dabei immer das Wasser im Mund zusammen. Zu Abend kam's heraus, was er getrieben hatte, denn er trug zwei Rebhühner und einen Hasen ganz stolz auf, die er gefangen und nach seiner Art zubereitet hatte. Die Ruzena fuhr auf. Das sei gestohlen, und sie leide weder Diebsgut noch einen Dieb unter ihrem Dach. Sie war eben eine ganz eigene Person.

Wojtech verzog sein Gesicht. Er bat: man möchte doch nur kosten, ob man was herausschmecke? Und die Sachen sahen wirklich verlockend aus, so sehr, daß der Krüppel mit einem Gurgellaut die Hand danach ausstreckte. Zum erstenmal stieß sie ihm die Ruzena weg. Der Wojtech murrte, aber es blieb ihm nichts übrig: er mußte seinen Kram wieder zusammenpacken. Hinterm Stadel, eben da, wo er ihn so vergnügt und in seinem Gott zufrieden hergerichtet, saß er damit und kränkte sich sehr. Er fühlte sich sehr verkannt. Und in lauter Kümmernis und Herzeleid aß er allein alles auf, das er bei sich hatte, nachdem es doch schade gewesen wäre, die gute Gottesgabe wegen anderer Unverstand vor die Hunde zu werfen. Geschadet hat ihm das Mahl nicht, so ausgiebig es war, und obzwar er nicht einmal etwas bei sich hatte, es zu verschwemmen.

Was war das doch für ein Elend auf der Welt! Niemals begriff es einer, wie es der andere mit ihm meinte, und immer wollt' er ihn anders haben. Ja, wenn das nur so leicht ginge, aus seiner Haut fahren, und wenn man nur vorher wissen könnte, wie einem die passen möchte, darein man schlüpfen soll... Und auf diese Ruzena, an der nichts war, nur Knochen mit einer gelben Haut überzogen, auf die hatt' er eine rechtschaffene Wut. Warum hofmeisterte sie an ihm herum, und gar, warum ließ er sich's gefallen? Das machte eben, er hatte ein dankbares Gemüt und war nicht so wie andere. Den wahren, den letzten Grund gestand er sich selbst nicht.

So ward es Frühjahr, und die strengere Arbeit begann.

Der Wojtech tat mit. Aber als er zum erstenmal die blaue Sämannschürze an sich hatte und die schöne, goldblanke Gerste, die so kühlend und seidig durch die Finger rann, ausstreute in die fette, schwarze Erde, deren guter und kräftiger Geruch ihn umdampfte, so sah er dennoch wie zweifelnd an sich nieder. Er gefiel sich nicht so ganz. Denn in eine wunderliche Maskerade, die so gar nicht zu ihm paßte und deren er sich abtun müsse, sowie die leiseste Möglichkeit dazu bestanden, schien er sich geraten.

Es war sehr früher Morgen und nebelig. In den kahlen Geästen saßen die Saatkrähen und stießen krächzend und mit gespreizten Schnäbeln nieder in seine Stapfen, sowie er einen Schritt vorwärts tat; hinter ihm hüpften Sperling und Schopflerche und zippten gierig, ob sie nichts ergattern könnten. Die Schwaden zogen träg; aber dahinter empfand man die Sonne. Aus jeder Furche quoll es weißlich auf, bekroch das Erdreich wie befruchtend und verflatterte. Wojtech Hermann stapfte, immer mit der gleichen segnenden Handbewegung, über diesen Boden, an dem er doch nicht mehr Anteil hatte wie das gefiederte Gesindlein hinter ihm.

Zu schwerer Arbeit, wie hinter dem Pflug, war er noch durchaus nicht zu gebrauchen. Da mußte denn die Ruzena acht geben, daß er sich nicht übernahm. Denn er fühlte die

Wiederkehr seiner Kräfte und war also, nicht einmal aus Arbeitseifer, nur zu geneigt, sich mehr zuzutrauen, als er schon vermochte. Einmal stemmte er sich gegen einen schweren Leiterwagen. Das Mädchen sprang herzu und schob ihn unwirsch und dennoch besorgt davon. Er sah sie mit einem eigenen Blick an: erstaunt, dankbar und dennoch frech. Sie hielt ihn mit finsteren Brauen aus. Hernach, in ihrer Kammer, wurde sie rot davor, wenn sie sich seiner erinnerte.

So sehr war man einander gewöhnt, daß keines dieser beiden mehr nach dem Rechtstitel des Zusammenseins fragte. Dem Wojtech war's, als hätt' er endlich seine Heimat gefunden. Und überflüssig war er hier nicht.

Im Dorfe aber hub sich ein Gerede. Und wie das nun einmal ist, es wurde desto häßlicher und spitziger, als man eben diesem Mädchen bis dahin nicht das mindeste hatte nachsagen können, als sein Lebenswandel für manch eine ein Vorwurf war. Nun aber war die ganze Wahrheit ans Licht gekommen; der Scheffel, darunter man sie versteckt, hatte selber Feuer gefangen. Sie war niemals besser gewesen als andere. Nur eben hinterlistiger und scheinheiliger. Alle Scham hatte sie von sich geworfen. Sie war sich eben gut genug, um es mit dem Haderlaken zu halten, dem schlechten Lumpen, von dem das letzte Mädel im Ort nichts hätte wissen wollen, und dem sie nun zuhielt, um allen zu zeigen, wie so gar nichts ihr an ihnen liege, wie gleichgültig sie ihr waren; die schlechte und verworfene Person die!

Als der Ruzena Capek diese Redereien zuerst zu Ohren kamen – unmittelbar zugetragen natürlich, voll lebhaften Eifers und redlicher Besorgnis um ihre Ehre und verbrämt mit den schönsten Redensarten, wie niederträchtig die Menschen seien, die sich nicht schämten, so etwas gegen sie in den Mund zu nehmen und es doch gewiß nicht einmal glaubten! – da lächelte sie, daß ihre Eckzähne spitz und blank schimmerten.

Ja, sie waren ihr neidisch! Um ihren Wohlstand, um ihre Makellosigkeit, die ihr gestattete, nach niemandes Meinung zu fragen, zu tun, was ihr gefiel, um ihre Unabhängigkeit, um alles.

Und weil sie heuchelten, durch die Bank, und die Augen verdrehten, so wollten sie sich an ihr rächen, die derlei niemals nötig gehabt, und zogen sie mindestens in ihren Reden in den gleichen Schmutz, ohne den sie nicht leben konnten.

Das andere Mal aber, da man ihr mit dem gleichen kam, wurde sie nachdenklich. Endlich erwachte eine zornige Betrübnis in ihr. Denn allenthalben meinte sie spöttische Blicke zu verspüren, die sie eben nicht vertrug. Denn sie war niemals gewöhnt gewesen, also angesehen zu sein.

Und überdies schlich ihr der Wojtech doch nach, wie ein abgerichteter Hund, der von seinem Herrn keinen Schritt weicht.

Das war ihr verdrießlich genug. Aber sie wußte nicht, wie dem ein Ende machen. Und das kostete sie Nachdenkens genug.

Ihn fortweisen? Aber er hatte nichts angestellt, war ihr nützlich, und sie hatte am Ende allen einen Dienst erwiesen, indem sie ihn auf den guten Weg brachte, der ihnen sämtlich so lang ein Ärgernis und ein Stein des Anstoßes gewesen war.

Oder verargte man ihr am Ende das? Brauchte man immer und überall einen Sündenbock? Damit man sich vor seinem Anblick segnen und in der eigenen Tugendhaftigkeit fühlen kann? Und daß man nunmehr mit dem Wojtech keinen Anlaß dazu hatte, konnte man ihr das nicht verzeihen? Auch dieses war möglich, wahrscheinlich sogar, weil's so gemein war.

Und sie fühlte in tiefster Brust: eigentlich ohne es zu wollen, hatte sie ein gutes Werk begonnen. Und sie gab das weder mehr auf, eh' sie es als nutzlos gewagt erkannte oder es vollendet war, noch ließ sie's sich verkümmern. Überhaupt, seit wann blieb Ruzena Capek auf halbem Wege stehen, nur weil ihr der oder ein anderer zweifelnd und schadenfroh nachschielte? Konnte der Wojtech nicht so als ein Mittelding von Knecht und Schaffner auf dem Hofe bleiben, der groß genug war, um einen zu vertragen, ja zu gebrauchen, dann mußte eine andere Art gefunden werden, ihn da festzuhalten, daß niemand mehr an ihm mäkeln konnte.

Er schlich doch auch so gedrückt herum; immer hinter ihr, immer, als empfinde er, sie sei sein einziger Halt. Das war eigentlich widerwärtig und rührte sie dennoch wiederum.

Ihn selber zu befragen aber fiel ihr nicht einmal ein. Denn ihr war, als könnte sie über ihn verfügen. Daß er das Glück ausschlüge, welches sich ihm bot, wäre nicht nur ihr undenkbar erschienen.

Wie die Ruzena gewohnt war, durch ihr ganzes Leben alles mit sich allein abzumachen, ohne jeden Berater, desto mehr für sich, weil dies sonst so gar nicht Weibesart ist, so hielt sie es auch diesmal, wo allerdings der Wille eines anderen sehr in Betracht gekommen wäre.

Kein Wort von Liebe hatten sie gesprochen, keinen Beweis von Zärtlichkeit getauscht. Am Sonntag aber, nach der Messe, schritt sie stracks in die Dechantei. Sie blieb ziemlich lange darin; ein Beweis, daß der Dechant allerhand Bedenklichkeiten hatte und ihr nicht vorenthielt. Sie hörte nicht darauf, wie niemals, wenn ihr etwas notwendig dünkte; beharrte, sie sei großjährig und erfahren genug, zu wissen, was ihr fromme und zustehe. Da sie herunterkam, stand natürlich der Wojtech vor dem Haustor, hatte das eine Auge zugekniffen und blinzelte mit dem anderen wie ein verträumter Kater die Sonne an. Sie gab ihm einen aufmunternden Puffer: „Geh hinauf, Wojtech, zum Herrn Dechanten, und küss' ihm die Hand. Wir heiraten uns…“

* * *

Oft und oft, in schlimmen und einsamen Stunden, hat die Ruzena hernach jener Verlobung gedacht.

Sie war nicht aufgeblüht, wie eine Blume ihre Knospe sprengt: aus dem Bedürfnis nach Sonne und über ihre Lokkung.

Mannigfaltige und dunkle Beweggründe hatten das Mädchen zu diesem Entschlusse bewogen und gedrängt. Da war zunächst eine Wallung gewesen. Der Stolz einer reinen Person, die ihre Unnahbarkeit nicht bezweifelt wissen will; und jenes Selbstgefühl sprach das letzte Wort, das sich ein gedeihendes Werk nicht zerstören lassen möchte und sich vor der schwierigsten Aufgabe nicht scheut: durch ein ganzes Leben mit einem Menschen fertig zu werden, den alle vermeiden und aufgegeben hatten.

Warum aber war er so geworden? Oder wie hätt' er begreifen können, daß er Pflichten gegen dieselben Leute habe, die ihm gegenüber keine Verpflichtung übten oder anerkannten?

Zu ihr und bei ihr hatt' er sich immer ganz löblich benommen. Sie wußte nicht das mindeste Schlimme über ihn, die ganze Zeit, da er auf ihrem Hofe lebte und an ihrem Tische saß. Und man hatte doch schon manchen guten Laib Brot miteinander verzehrt.

Es war freilich aus der Ordnung gewesen, daß sie das erste Wort sprach. Aber im Leben geht es schon manchmal so. Denn er selber hätt' es sich doch nie getrauen dürfen. Wer war er? Der Garniemand, wenn man schon sehr gütig war, neben ihr. Und sie war Ruzena Capek, angesehen um Reichtum, Klugheit und Makellosigkeit der Sitten. Gerade so gut hätt' er sich's einreden dürfen, die Grafentochter werde ihn nehmen.

Es ist das nämlich mit ein Unglück. Wer für sich lebt, der setzt sich in sich seine Stellung gegenüber den andern fest. Er glaubt gar nicht, weil er gar nicht nach ihnen fragt, es könnten sie ihm die Menschen nicht zugestehen, und erlebt dann natürlich manche Überraschung und Enttäuschung.

Es gab einen stillen Brautstand. Er nahm sich keinerlei Freiheiten heraus und blieb bescheiden. Nach Zärtlichkeiten aber verlangte es die Ruzena nicht, die ihrer nicht gewohnt war.

Küßt' er sie einmal aus seinem Rechte, dann litt sie's mit einer gewissen Bewunderung. Er merkte das wohl, und es verschlug ihm nichts. Das wurde sicherlich und mit einem Schlage anders, sowie das Weib in ihr erst geweckt war. Da hatt' er schon seine Erfahrungen. Vorher mochten sie tun, wie sie wollten, hernach waren sie alle gleich.

Nur eben, bis dahin mußte man vorsichtig sein. Sehr vorsichtig, damit sie ihm am Ende nicht kopfscheu würde, und ihm ein Glück, so groß, wie's nur einem richtigen Lumpen in den Schoß fallen konnte, durch die Lappen ginge.

Er wußte wohl aus Übung: einem jeden Vogerl muß man mit seinem eigenen Ton pfeifen, wenn es darauf horchen und in das Netz flattern soll, das man dafür aufgerichtet. Schlug das erst einmal zu, dann mocht' es flattern nach Belieben. Das half dann nicht mehr.

Und eine katholische Ehe ist ein gewichtiges und ein nicht mehr zu entwirrendes Netz. Übrigens, er mochte die Ruzena ganz gut. Er war ihr doch dankbar im Grunde seines Herzens, selbst mit einigem Erstaunen, weil er gar nicht begriff, warum sie so an ihm tat. Halt nur, weil er ein Mann war?

Etwas fülliger hätte sie sein mögen. Etwa so, wie die Andjola war, die auf dem Hofe diente und ihm immer so verschmitzte Augen machte, wenn sie, die Beine bloß und mit erheblichem Geklapper der Melkeimer, aus der Wohnung in den Stall lief. War das ein flinkes Frauenzimmer! Er war wirklich neugierig, ob die nie und nirgends stille hielt. Aber derlei verspart man sich für später.

Oder, wenn sie nur so gewesen wäre, wie ihre jüngere Schwester, die Tereska nämlich, zu werden versprach. Aber einmal ändern sich die Frauen in der Ehe oft wundersam. Dann, woher nahm er, just er, das Recht, gar so zu klauben? Ein solcher Ausbund von Schönheit und sonstigen Tugenden, wie der liebe Gott just an ihm geschaffen hatte! Alles konnte doch nie und nirgends beisammen sein. Dies wußte der Wojtech. Und just für ihn sollte sich's schicken?

Nur nicht unbescheiden sein! Besonders, wenn es einem ohnedies weit über Verdienst und jegliches Erwarten zuteil geworden ist.

Freilich, die Ruzena hatte einen verdammten Hochmut an sich. Und sie würde kein bequemes Weib sein, und sie war viel zu klug, als daß man ihr was vorflunkern konnte.

Aber eben darum konnte man ihr vielleicht gemach begreiflich machen, daß nach der Hochzeit das Spiel ganz anders stand wie vorher.

Über sich selbst nachzudenken, hatt' er niemals Zeit gehabt. Er nahm sich, wie er war, und er war keineswegs mit sich unzufrieden.

Daß er über die Eigenschaften seiner Zukünftigen wider Willen, gezwungen durch die Kraft nachgrübeln mußte, die er in ihr empfand, war ihm oft genug unbequem und verdrießlich.

Man erzählte von ihr, sie habe seit ihren Kindertränen nie mehr geweint. Ja, da gab es ein Sprüchlein: die das als Mädchen nicht getan, die holt es als Frau ein. Denn ein Weib muß weinen. Er wollte gewiß nichts dazu tun, daß es so kam. Aber, wenn es einmal so ward, dann war es vorher bestimmt und nicht ihn traf die Schuld oder der Vorwurf.

Während also die Ruzena alles zur Hochzeit beschickte – zu kaufen brauchte man nichts, denn alles war überreich vorhanden –, ging ihr Bräutigam neben ihr in tiefen und sonderbaren Gedanken, deren Inhalt sie nicht ahnte.

In der Nacht vor der Trauung machten sie einen Rundgang durch ihren Besitz. Sie zeigte ihm alles, davon er in Hinkunft seinen Anteil haben sollte. Da sie die Ställe, sauber gehalten, daß es einen gelüstete, darin zu essen, durchschritten, geschah es, daß ein junger, schöner Goldfuchs, der Liebling des Mädchens, der noch kein Geschirr getragen hatte, sich bäumte, stieg, um sich schlug, schauderte und sich durchaus nicht beruhigen wollte. Ihr wurde bänglich. Denn man weiß: Pferde wittern böse Geister.

Der Wojtech blieb ruhig, obwohl er das Vorzeichen auch kannte. Er legte seinen Arm fest um sie und zog sie von hinnen. In der Küche war noch Licht. Da standen die Andjola und die Teresa, bloßarmig, bückten sich über Gänse, unter denen man für den morgenden Tag ein grausames Morden verübt, daß das Geschnatter der Todesopfer das ganze Dorf mit der Ahnung von Leckerbissen alarmiert, und rupften an ihnen herum. Das Blut stieg ihnen dabei in die frischen Gesichter. Die Herdflamme, an der sie sie sengten, flackerte hoch, glänzte am vielen blanken Geschirr, das rundum aufgestellt war, und tanzte, wenn man Stroh darein warf, züngelnd auf und nieder. Dazu sangen sie, stießen sich zwischendurch an und kicherten. Die Ruzena meinte zu wissen worüber und wurde fast zornig. Wojtech aber warf noch einen langen und gierigen Blick in die Fenster.

* * *

Also; man lebte miteinander und vorerst nicht einmal schlecht.

Ein richtiger Bauer, wie sich's sein Weib vielleicht erhofft, wurde der Wojtech zwar nicht mehr. Das muß von Kindesbeinen gelernt und unbewußt geübt sein, bis man den Tritt so sicher hat und immer so genau vorher weiß, wie das Roß im Göpelwerk.[8]

Darauf kam es der Ruzena übrigens nicht so sehr an. Denn im Grunde hatte sie doch nicht geheiratet, um eine Hilfe zu haben. Ihr Gewerbe verstand und versah sie doch manches Jahr allein und ganz famos.

Den Vormund, den albernen Gesellen, der ihren Hühnern hatte vorschreiben wollen, wie viel Eier zu legen sie verpflichtet wären, den war sie doch glücklich los. Das war schon etwas wert. Einen Mann aber, der ihr in alles darein redete und sich gar so wichtig machte, den hätte sie durchaus nicht mehr vertragen.

Er stellte etwas vor. Und er war ein guter Rechner. Und mit den Juden konnt' er markten, erlernte sogar das Mauscheln sehr bald. Das war gar zu spaßig, wenn er darein kam und es erheiterte sogar die Ruzena. Ihr war Feilschen immer zu dumm gewesen, und nur um zu einem Ende zu kommen, hatte sie den Händler einmal zur Unzeit gehen lassen und ein anderes Mal wieder zur Unzeit verkauft. Der Wojtech aber hatte eine heilige Geduld. Immer von neuem ließ er den anderen anfangen und hörte ihm recht schafsmäßig und voll andächtiger Sanftmut zu. Bis dem die Galle überlief, er zappelig ward und bot, was sich gehörte. Denn es ist schwer, in einen Stock etwas hineinzureden.

Er verstand es ausgezeichnet, sich schwerhörig zu stellen und, während er auf jedes Wort paßte, wie die Katze vorm Mauseloch, die verkehrtesten Antworten zu geben. Es gibt nichts auf Gottes Welt, was den Partner so in Wut und Verzweiflung bringt und den Zähesten so gewiß mürbe macht. Und wenn der andere sich die Seele aus dem Leibe geredet hatte, und der Wojtech war dagesessen, ganz Andacht und Überzeugung und Gläubigkeit, dann erhob sich der Bauer zum Schluß, nickte wehmütig und nachdenklich mit dem Kopf: „Wie mein Bruder hast du gesprochen, ganz wie mein Bruder. Aber“, und er zog das ohnedies breite Maul noch lasterhaft schief, „ich will’s mir noch beschlafen. Es kann morgen wieder wer kommen, mir mehr bieten, und mir tät’s alsdann leid. Sehr leid tät’ es mir. Und du willst doch nicht, daß ich mich kränken tu’?“

Er hatte nur viel freie Zeit. Und die Bauern waren ihm zu dumm. So hielt er sich an die herrschaftlichen Beamten. Mit denen kartelte er und konnte die Kunst bald sehr gründlich. Und er machte kleine Geschäfte mit ihnen, die nicht immer zu seinem Vorteil ausgingen. Aber er wußte ganz gut, daß der Umgang mit ihnen für ihn eine Ehre bedeute, und daß man Ehren in aller Welt bezahlen muß. Er durfte sich’s leisten.

Sonst stand doch für ihn alles so gut, wie man sich’s besser gar nicht wünschen konnte. Er war nach Besitz vielleicht der erste im Dorfe. Und er hatte beim Militär einigermaßen mit der Feder umgehen gelernt, besser als die meisten Bauern, und sogar ein ganz leidliches Deutsch war an ihm haften geblieben.

Er mocht’ es zu etwas bringen. Sogar Starosta[9] konnt’ er werden, in demselben Dorf, in dem man ihn gehudelt und gepufft hatte. Dazu war ein gutes Einvernehmen mit der Herrschaft ein Vorteil, und dafür konnte man es in den Kauf nehmen, daß man ihn gelegentlich ein wenig übers Ohr hieb.

„Bin ich erst Starosta!“ dacht’ er für sich. Aber was er hernach wollte, das verschwieg er. Vielleicht, weil er sich selber noch nicht ganz klar war, was er hernach alles wollen und unternehmen werde.

Gerne kutschierte er zur Stadt, Einkäufe besorgen. Er kutschierte nämlich meisterlich, und es machte ihm vielen Spaß.

Nur sehr rücksichtslos gegen die Pferde war er dabei. Er überjagte sie gerne, um seine Kunst und Sicherheit zu zeigen. Er trieb sich in den Geschäften um, wo man ihn bald kannte. Und hatt' er sich einmal über die Zeit versäumt, weil er Bekannte vom Militär traf, denen man sich zeigen und die man in der neuen Herrlichkeit traktieren mußte, dann hetzte er heimwärts, was eben Platz hatte.

Waren die Andjola oder die Teresa mit oder gar beide, denn seine Frau mochte niemals, dann war es gar ein Hauptspaß. Denn zuvor gab man ihnen unter den Lauben ein Glas süßen Wein zu trinken. Und sie kreischten alsdann, wenn die Pferde nur so durch die Ebene flogen und schäumten, und der Wojtech trieb und feuerte sie immer noch an, nun mit der Zunge schnalzend, nun mit einem langen, klatschenden Peitschenschlag, der nur so durch die Luft sauste. In seinen Ohren war dies, das Rasseln der Räder, das Dröhnen des Wagens, reine Musik. Und der Staub der Straße stieg vor ihnen auf in Säulen und sank gemach hinter ihnen; und die Mädchen kriegten eine Heidenangst, und ihre Röcke flogen hoch, und sie drückten sich an ihn, enge, ganz enge, klammerten sich an, und er lachte ihnen frech in die Augen...

Es wurde so macher gute Gulden vertan. Aber das brachte er auf der anderen Seite schon reichlich herein. Und wenn nicht? Denn es war eigen: niemals konnt' es der Hermann so recht fassen, als hätt' er wirklich Anteil am Gelde seines Weibes. Ein richtiges Gefühl des Besitzes erwachte nicht in ihm. Was er hatte, das war sein. Und nur, was er vertan, dies war genossen, und es konnt' es ihm niemand mehr wegnehmen.

Etwas Leichtes, Unbeschwertes gab ihm das unter einem ewig sorgenden und kargenden Geschlecht. Und der Ruzena mißfiel es nicht einmal. Es war ganz gut, daß ihr Mann nicht alles so ernst nahm wie sie selber. Nur eines kränkte sie: es wollte kein Kind kommen. Und daß ihrer Ehe dieser letzte und wahrste Segen vorenthalten bleiben mußte, dies fraß zu ihrem eigenen Erstaunen, die vordem Kinder nicht eben gemocht, tief an ihr. Für wen plagte man sich denn? Und hatte Gott, an den sie ohne alles Lippenwerk innerlich glaubte, am Ende doch keinen rechten Gefallen an ihrer Ehe gefunden?

Im Dorf aber war ein rechtes Lauern, eine unablässige, schadenfrohe Erwartung. Wie lang würden die beiden überhaupt miteinander hausen, und welches Ende mußte das mit ihnen nehmen? Denn daß es gut ausging, war doch ganz ausgeschlossen, obzwar es sich gegenwärtig so weit ganz hübsch und verträglich anließ. Aber ein Haderlak bleibt ein Haderlak, und nichts und keine Liebe kann etwas anderes aus ihm machen, als wozu er beschaffen ist.

Mochte sie's haben! Denn allen zum Trotz, bei vielen Warnungen und ohne auf einen zu hören, hatte sie doch den schlechten Kerl genommen und eingesetzt, wenn mancher braven Mutter arbeitsames und guterzogenes Kind sich's nicht besser gewünscht hätte, als auf dem Capekhof zu wirtschaften und seiner Herrin ein guter und getreuer und sparsamer Gatte zu sein. Denn das Anwesen hieß immer noch nach ihr und nur nach ihr, und an den Namen des Hermann mochte man sich all die Jahre her gar nicht gewöhnen...

* * *

Es gab bald allerhand Gerede über den Hermann.

Das war nicht anders, als platzten sie sämtlich auf ihn, oder als hätte sich wider ihn das ganze Dorf verschworen.

Kam derlei seinem Weibe zu Ohren, so zuckt' es ungläubig die Achseln. Was sich die Leute nur immer und ewig um andere zu bekümmern hatten, die ihnen gar keinen Dank darum wußten, statt um die eigenen Sachen!

Ihr kam man damit nicht an. Denn der Wojtech mochte sein, wie er wollte, – so gut wie die war er lange noch, obzwar allerhand Eigenschaften an ihm zutage traten, die ihr gar nicht gefielen.

Denn blind war sie niemals gewesen. Sie sah scharf und richtig und hatte nur die Fähigkeit starker Naturen, manches zu übersehen.

Tat er aber etwas, das nicht nach ihrem Sinne stand: er war eben töricht. Und weil er immer viel allein gewesen war, so hatt' er nie gelernt, sich einem anderen bequemen. Das brauchte Geduld und Liebe, daran sie es nicht fehlen lassen wollte, ehe er das begreifen und üben lernen konnte.

Dem man aber mit grenzenlosem Vertrauen begegnete, der durfte sich doch nicht verleiten lassen, das zu mißbrauchen. Und so schlecht war gewiß kein Mensch auf der Welt, Güte, wie die sie ihm rastlos entgegenbrachte, mit Niederträchtigkeiten und mit Ausspottung hinter dem Rücken heimzuzahlen.

Da war eine Witwe mit zwei Töchtern. Von keinem aus dem Kleeblatt hatte man jemals gut gesprochen. Sie wohnten in einer Keuschen[10], in einer richtigen, verlumpten Schaluppen, zu der nicht ein einziger Strich Feld gehörte. Nur etwas Kartoffelland, auf dem aber auch eher Unkraut als sonst was wuchs, weil sie zu faul waren, eine Hacke auch nur in die Hand zu nehmen. Bei denen wollte man den Wojtech oftmals gesehen haben. Und sicherlich: die Mädel arbeiteten gar nichts mehr und trugen doch neue Röcke an sich, kürzer, rauschender und umfangreicher denn je.

Und dann war in ihrem eigenen Hause diese Andjola. Die hatte neuerdings so etwas Spöttisches an sich, wenn sie mit der Frau sprach, so eine hämische Höflichkeit, hinter der eine dumme Schadenfreude vorgrinste. Und ihre Augen waren garnicht mehr neugierig, vielmehr frech, und sie schupfte jede

Ermahnung von den Achseln. Hätt' er am Ende wirklich was mit ihr? Die Ruzena war durchaus nicht eifersüchtig, nur eine ehrliche Abneigung gegen jede Unsauberkeit und jede Hehlerei war in ihr.

Die Andjola mußte fort. Und auf dem Capekhofe wurde keine Hübsche mehr gedungen. Der Wojtech schnitt seine häßliche Fratze, wenn wieder einmal eine eintrat, die um ein erhebliches mehr zur Vogelscheuche als zu sonst was erschaffen schien. Aber die Ruzena blieb unbarmherzig.

Er schimpfte hinter ihrem Rücken auf der Kneipe und zu seinen Schmarotzern, daran es ihm natürlich nicht fehlte, nicht schlecht auf sein Weib. Gegen sie aufzumucken, wagt' er noch nicht. Denn etwas Geschlossenes und Starkes war an ihr, das ihm immer noch Achtung abzwang, obzwar die tägliche Gewohnheit ihn langsam dagegen abstumpfte. Ferne von ihr hatte er Wut. Was sie denn meine? Und warum er denn nach Hause solle? Ein ganzes Nest von Nachteulen mit einem Uhu an der Spitze, der knappe und die Augen rolle, bei sich zusammen sehen, das mache doch niemandem einen Spaß. Und wenn die Ruzena dahin treibe, dann solle sie sich nicht wundern, wenn einmal etwas herauskomme, daß sie noch runder darein sehen werde als sonst...

Das war natürlich zu Anfang nur so geredet, damit man sah, wie ein schneidiger Kerl der Wojtech ist. Aber natürlich, es gibt immer Menschen, denen es eine rechtschaffene Gottesfreude ist, noch zu hetzen. Gar noch, wenn sie bei jemandem Geld spüren, das locker sitzt. Und so ging's denn los: „Wojtech, du bist der Mann!" Und: „Zeig' ihr den Herrn, Wojtech!" bis er glaubte, es stünde seine Ehre, oder was so ein Lump darunter versteht, auf dem Spiele. War er aber betrunken und hatt' seinen rechten Unsinn von sich gegeben, so lief man ihr zu: „Denk' dir nur, Ruzena, so hat dein Mann von dir gesprochen, und dies hat er gedroht!" Zuckte sie die Achseln: „Das ist gegen Gott und sein Gesetz. Nicht einmal fürchten tut sie sich vor dir, Wojtech! So macht sie nur!“ Und: „Das darfst du dir nicht gefallen lassen.“ Bis zwischen beiden Abneigung und Argwohn hoch wuchs, eine Dornenhecke, die niemand durchbrechen will.

Es war ihr nicht gegeben, sich auszusprechen. Und etwas Herrisches war immer freilich an ihr gewesen. Denn sie wollte niemals und nichts, nur das Rechte. Und sie meinte, ein jeder müßte das von selber begreifen und sich danach richten. Und sie erkannte wohl: ihr Mann war nicht eben sehr einsichtig. Und so grub sich ihr diese eine Furche, die der Zweifel und das traurige Nachsinnen gepflügt, immer tiefer, schnurgerade, wie von einem starken Beilhieb, in die Stirne ein.

Und wie häßlich das nur war, immer im Verdacht zu leben und keine Stunde sicher zu sein! Denn immer tiefer fraßen sich diese rastlosen Anklagen in ihr. Und war die Andjola auch nicht mehr auf dem Hof, aus der Welt war sie darum nicht, und auf den Namen kam es nicht an, den das Frauenzimmer trug.

Und die Ruzena war viel allein. So zog sie dies alles immer tief in sich, und die Luft, die sie atmete, war erfüllt mit eitel Befürchtungen. Manchmal setzte sie sich zum Willem und klagte sich bei ihm aus. Denn die Teresa war in ihren Augen immer noch das Kind, das von derlei nichts wissen durfte, wiewohl die Burschen schon stets dreister nach ihr schielten. Und ein großes und tiefes Leiden schwoll in der Brust der Ruzena. Ihren Bruder, diesen braven und guten Menschen, hatte man ihr für sein ganzes Leben unglücklich gemacht. Einem anderen aber war nichts geschehen. Warum nicht? Nur damit er sie elend machen könne? Sie wollte diesen Gedanken beichten, dessen ganze Sündhaftigkeit sie empfand; aber los wurde sie ihn nicht mehr, seitdem er ihr gekommen war.

Immer härter wurde sie, je deutlicher sie erkannte, daß sie über ihren Mann gar keinen Einfluß habe und gewinnen könne.

Einmal, da er sich schwer berauscht hatte – und oftmals war er ihr schon in einem Zustand heimgekommen, vor dem es sie grauste, und wollte ihr dann gar noch schöntun – sperrte sie ihm die Tür vor der Nase zu. Er schlug einen Heidenlärm, pochte und brüllte und rief sie dazwischen mit spöttischen und lästerlichen Kosenamen, daß das ganze Dorf wach ward und alles lachte. Alle rief er zu Zeugen an für die Schmach, die man ihm bereitet. Sie blieb unerbittlich, wiewohl sie mit Herzklopfen hinter der Türe harrte.

Als alles ruhig geworden war, machte der Wojtech Kehrt. Das ging trotz seines Rausches sehr stramm. Er drohte noch einmal mit der Faust nach dem Hause herüber, grimmig, nachdrücklich. Alsdann sah er sich um. Er war allein. Alle Fenster standen vom Mond überglitzert in der Nacht. Er fuhr sich durchs Haar und grinste sehr breit. Auf der Gasse schlafen? Nein, das tat der Wojtech nicht. Denn der volle Mond stand am Himmel und sog alle Nebel aus der March, die mit eitel silbernen Schuppen und mit sachtem Rauschen dahinfloß. Da könnte man an seiner Gesundheit Schaden nehmen. Das wär' ein Unheil geworden, dem man sich nicht aussetzen durfte. Er schlich sich durch die tiefen Schatten dahin, wo die Andjola nun diente. Dreimal blaffte er wie ein Hund, der mit dem Mond seinen ewigen Streit hat. Dann verschwand er.

* * *

Auch das wäre zu ertragen gewesen, obwohl das ewige Gerede darüber peinigte und beunruhigte, wie eine einzige, rastlose Bremse das stärkste und ruhigste Roß toll machen und zum Durchgehen bringen kann.

Aber derlei begibt sich immer wieder. Auch anderen widerfuhr es. Nur nimmt's die eben leicht und entschädigt sich so oder so, die verwindet es schwerer und schleppt es mit sich, wie einen schweren, schweren Stein.

Sie hätt's freilich besser verdient. Sie wußt' es bei sich. Und so unhübsch war sie am Ende noch lange nicht, daß man an ihr ganz und gar kein Gefallen finden konnte.

Damit kann ein tapferes Weib, schwer genug, aber es kann damit fertig werden. Und sie mochte dem Gesindel um sich nicht die Freude gönnen, zu klagen oder über den Mann ihrer eigensten Wahl zu schimpfen, worauf das doch in schadenfroher Sehnsucht nur wartete.

Es war eben eine schwere Heimsuchung, die ihr Gott auferlegt hatte. Sie trug sie, ungebogenen Sinnes. Es kam ihr manchmal wohl der Gedanke, dem ein Ende zu machen, das sie so verstörte und ihr jede ruhige Stunde nahm. Die March war nahe und tief genug.

Davor aber schreckte nicht nur ihre große und aufrichtige Frömmigkeit zurück. Auch das Gefühl der Verantwortlichkeit in ihr war zu mächtig. Was wurde ohne sie aus dem armen Krüppel, an dem ihre Seele hing?

Was aus dem Hof, den sie so in Flor gebracht, daß er weithin als Muster gelten konnte? Denn des Wojtech Lumpenleben ging nun schon ins Geld, da sie noch strammes Regiment und die Schnüre des Geldbeutels in fester Hand hielt. Kam er darüber, so war in kurzem wohl alles vertan. Und einen solchen Gedanken verträgt eine rechtschaffene und aufrechte Bäuerin nicht. Je tüchtiger sie ist, desto mehr fühlt sie sich nur als Verwalterin und Nutznießerin dessen, was sie überkommen und ungeschmälert, wenn nicht vermehrt, ihren Folgern und Erben übergeben will.

Und nun wußte sie: es gab da und dort, beim Krämer und beim Wirt, Schulden. Und die wuchsen immer höher, und wie wollte er, der keinen eigenen Kreuzer hatte, sie zahlen, wenn er sie nicht betrog? Und man trieb auch wirklich Verstecken mit ihr und suchte sie allenthalben zu übervorteilen. Es gibt für die Dauer nichts, was so mit einer immer steigenden Erbitterung reizt, wogegen man sich so wehrlos fühlt.

Dabei bereitete sich unter ihrem eigenen Dach, so daß sie's unbedingt hätte gewahren müssen, wenn ihr die ewigen Sorgen und Verdrießlichkeiten nicht den klaren Blick benahmen, das schlimmste Unheil vor.

Nämlich, die Teresa war wirklich zu ihren Jahren gekommen. Und sie hatte gehalten, was sie klein versprach. Ein sehr hübsches und munteres Mädchen war sie geworden. Wie eine Kastanie war sie, die eben aus ihrer stacheligen Hülle gesprungen ist: bräunlich von Antlitz, braun das Haar und die Augen, und überaus und allenthalben blank.

Allen Burschen gefiel sie so. Denn sie war auch eine gute Partie. Keinen aber reizte sie mehr als den eigenen Schwager.

Nun mußte man immer zusammen sein. Und die Gemeinschaft war so eng, daß kaum ein Augenblick verging, wo man einander nicht begegnete oder nicht immer wußte, wo man das andere treffen und überraschen konnte. Und die Teresa war sehr fleißig und geschickt, und keine Arbeit war ihr zu viel, und durchaus brav war sie.

Es waren ja manchmal in sehr schweren Stunden der Ruzena Gedanken an solche Möglichkeiten gekommen. Aber sie scheuchte sie immer wieder und mit aller Kraft. Denn derlei war doch zu niederträchtig und unerhört und eben nur ein Beweis, wie schlecht sie selber geworden war, seit sie von nichts als Bosheit und Hinterlist hörte. Und was sollte sie denn auch dagegen tun? Das Mädchen aus dem Hause und in einen Dienst geben? Dazu hatte sie kein Recht. Denn die Teresa war so gut wie sie ihrer Eltern Kind und mußte sich also nicht als Dienstmagd quälen, wenn die Schwester die reiche Bäuerin vorstellte.

Und hätte das auch nur zu etwas geholfen? War es nicht selbst das Klügste, man behielt die Verdächtigen bei sich, unter den eigenen Augen, und hoffte, die Scheu vor Frau und Schwester werde stark genug sein, sie vor einem unverzeihlichen Unrecht zu schützen? So verdorben ist selten einer, um alles Vertrauen zu mißbrauchen, das ihm gewährt wird.

Immer heftiger und dennoch immer zweifelnder klammerte sie sich an das Einzige, was ihr noch blieb: an ihren Glauben an das Gute im Menschen.

Sehr gerne, zur Erleichterung ihrer Seele und weil es Dinge gibt, die man einem fremden Seelsorger eher bekennt, als dem vertrauten Beichtiger, hätte sie eine Wallfahrt unternommen. Aber sie traute sich nicht einmal nach dem heiligen Berg, als dürfe sie die Teresa nicht für einen Tag sich selber und dem Wojtech überlassen.

Erwog der Hermann derlei? Machte er sich überhaupt Gedanken, die über das Allernächste hinausgingen? Er wußte nur eines: das Frauenzimmer machte ihn toll. Er konnte sich nicht satt sehen an der Teresa. Aus jeder ihrer Bewegungen floß für ihn ein unerschöpflicher Reiz.

Und überdies standen ihm als nahem Verwandten von Anbeginn gewisse Vertraulichkeiten zu, die sie erst litt, ohne sich was dabei zu denken, und denen sie sich nachher durchaus nicht entziehen konnte, so unangenehm und drückend sie ihr wurden.

Und sie war jung und lachte gern. Vor der Ruzena traute man sich das kaum mehr. Und er hatte Witz und eine sehr lustige Art, insgeheim seiner Frau nachzuspotten und ihrer steinernen Ernsthaftigkeit. „So macht sie, Tereska, und so guckt sie.“ So sehr sie die Schwester liebte, sie hatte doch auch eine Scheu vor ihr, und also machte es ihr Spaß, die ihr sonst immer Respektsperson und ober ihr gewesen war, nun klein und komisch zu sehen.

Dies ist ein guter Kniff. Wer die letzte Achtung vor anderen verliert, der gibt sie leicht auch vor sich selber auf und ist hernach zu Dingen zu bewegen, zu denen er anders nicht leicht zu bringen gewesen wäre. Das ist nun einmal Menschenart. Und so hatten die zwei immer zu kichern auf Kosten einer dritten, und ohne daß sie etwas dafür konnte, blieb's in der Kleinen haften, und die Schwester sank in ihren Augen.

Zankte sie einmal, dann fiel der Teresa gewiß ein Schwank des Wojtech ein, und die rechte Wirkung war zum Teufel. Wer hieß sie auch immer und aus jedem Anlaß predigen? Das merkte die Ruzena natürlich, und sie wurde immer stutziger. Bestand da schon ein Komplott gegen sie?

Und überdies, der Wojtech schonte sich selbst nicht, machte sich nicht besser, als er war. Er erzählte von seinem Lumpenleben. Natürlich nur in Andeutungen, nur so weit, daß man nicht wußte, hatte er seinen letzten Streich vor wer weiß wie langem oder gestern getan, nur eben daß ihre Neugierde gereizt ward, daß sie alles desto verzeihlicher und lustiger fand, weil es als selbstverständlich berichtet ward. Ja, das war einmal so auf der Welt. Und wer einem jungen Gemüt Einblick in den Weltengang verheißt, der darf seiner Dankbarkeit sicher sein.

Dabei kam er im eigentlichen nicht einen Schritt weiter. Umsonst wandte er alle seine Künste und Lockungen an und suchte jeden Augenblick des Alleinseins zu nutzen.

Geld vermochte bei ihr nichts, die dessen nicht bedurfte. Und sie war allerdings neugierig, wie jedes Mädchen in diesem Alter; aber vorsichtig war sie auch.

Immer widerstand ihm die Teresa. Je heftiger er sie bedrängte, desto widerwärtiger ist er ihr geworden. Und so ganz mit der Sprache traute er sich vor ihr doch nicht heraus.

Immer hoffte er auf eine Überrumpelung, in der er's ihr abgewann, und fühlte sich so langsam genarrt.

„Merk' auf, was dann herauskommt", drohte er einmal.

„Wann?" machte sie sehr unschuldig.

„Tu nicht so heilig! Nun, dann, wenn du durchaus nicht anders wirst", und er schielte sie so tückisch an, daß sie vor dem Bosnickel[11] im Innersten erschrak und ihn dennoch sehr unbefangen ansah. Denn gewahrte er ihre Furcht, dann war es ganz und gar nicht mehr auszuhalten.

Ein Zorn, der sich nicht zu helfen wußte, wuchs davon in ihm. Er wurde roh und gehässig gegen sein Weib. Wo er sie nur irgend kränken konnte, dort hat er's immer und erfinderisch getan. Es gab kein Scheltwort – und der Hannak kann in einem Tag mehr schimpfen, als ein anderer anzuhören fähig ist! – das ihm für sie zu schlecht war.

Eine Trauerkuh, die schon zu gar nichts taugte, war sie bei ihm. Und es war ihm gleichgültig, ob Zeugen dabei waren oder nicht. Ja, vor Fremden zeigte er's ihr am liebsten. Und weil sie zu Beginn nicht gleich darein fuhr, auch mit dem Mundwerk nicht so flink war, wie er, so wuchs seine Frechheit und seine Gehässigkeit mit jeder Stunde.

Sie war überflüssig auf der Welt. Aber das hätte man verzeihen können, wäre sie, die zu gar nichts gut war, ihm nicht noch ein Hemmnis gewesen. Sie aus dem Wege, und es wär' ihm bei dem Mädel sicher geglückt, wie bei mancher, die auch erst sehr spröde getan. So aber – wie die rechte Mutter, die man nicht hintergeht, war die Ruzena immer zur Schwester gewesen.

Die Ruzena aber litt und schwieg. Und sie weinte immer noch nicht; mindestens gesehen hat es keiner. Aber in sich hatte sie das Gefühl und den festen Glauben, der zahlende Tag für alles müsse kommen, das ihr da einer antat, dem sie von der ersten Stunde an das Beste vermeint und bereitet.

* * *

Wären die beiden Schwestern zu einer herzlichen Aussprache gelangt, so wär' es wohl das Beste gewesen. Man hätte sich, gleichviel, wie immer, des heillosen Gesellen entledigt, so sehr sich der Bauer sonst scheut, die Gerichte anzurufen, wenn es nicht um einen der beliebten Händel mit dem Nachbarn geht.

Gerade dem stand aber so ziemlich alles im Wege. Denn offenbarte sie die Bedrängnisse, unter denen sie litt, so mußte die Teresa besorgen, einen Brand anzustiften, der erst recht unheilvoll ward. Aufs äußerste war der Wojtech in jeder Hinsicht gereizt; er haßte die Schwester; ein Augenblick genügte, um ein Unheil zuzubereiten, das nie und nimmer gut zu machen war.

So schwieg sie weiter, nachdem sie nicht von Anbeginn gesprochen. Denn sie selber hatte nicht von allem Anfang an den Ernst der Nachstellungen und der Schlechtigkeit des Schwagers geglaubt. Bei einem Schwank aber, auch wenn er derb ist, zimpert man nicht und macht nicht viel Wesens.

Je mehr aber zu berichten gewesen wäre, desto schwerer konnte sie anheben. Und sie hatte auch eine solche Scheu vor der Ruzena und wünschte desto mehr, sich ihr anzuähneln, je besser sie erkannte, wie verworfen der andere war. Die aber war so sehr verschlossen und gönnte niemandem einen Blick in sich. Freilich, sie hoffte immerdar, die Schwester werde sich zu einem Bekenntnis entschließen. Sie wartete lang und schmerzlich darauf. Aber kein Mädchen spricht gern davon, wenn man es mit aller Gewalt herunterzerren und schlecht machen will. Es ist das die innere Scham, die sehr lahmt.

Im Wojtech aber setzte sich immer unbezwinglicher die Vorstellung fest, die Ruzena müsse aus dem Weg, um jeden Preis.

Vordem hatte man's doch bequem gehabt. Man ließ einen besprechen oder ihm das Leben abbeten. Die feine Kunst war leider, wie manches Gute und Nützliche, ganz außer Schwang und Übung gekommen.

Und so begann er sein Weib mit jenem Hasse zu verfolgen, der eigentlich kein Wort mehr gebraucht und nach keiner Tat greift. Denn in jeder Bewegung in jedem Streit liegt er und spricht sich aus.

Es war nicht anders, als wolle er ihr mit Blicken und mit seiner frechen Verachtung das Leben vergiften. Er gab ihr niemals eine Antwort, in der nicht ein Hohn und eine Beleidigung lagen. Als wolle er sie wirklich durchaus in die March drängen, so und wie ein rechter Teufel, der in ihm aufgewacht war, hat er's mit seinem Weibe getrieben. Er war unklug; denn je mehr die Teresa die Schwester bedauerte, desto unfähiger ward sie, ihr ein Leid zu tun, desto mehr wurde ihr der ein Greuel, der zu solchen Mitteln griff, nur um ein armes Mädel zu seinem Gelüst zu zwingen.

Sie sah sich keinen Rat, während die Ruzena immer ernsthafter und nachdenklicher in sich nach jener Versündigung forschte, der sie ein solches Los danke. Sie fand keine, und darum hielt sie aus und litt weiter, was ihr von dem Haderlaken, dem Hermann, zugefügt ward, ganz durchdrungen davon, die Stunde werde kommen und sie bereit und entschlossen finden.

Wenn sie zu Nacht erwachte und das trübe Nachtlicht glomm, dann sah sie oftmals nach ihm, der da in wüstem Schlummer lag, häßlich und gemein, und sinnlose Worte vor sich hinmurmelte, deren Bedeutung zu erraten sie sich fürchtete.

Und alle ihre Sorgfalt vereinigte sich auf dem Willem, damit der Wojtech dem armen Wehrlosen nicht etwas zufüge. An ihn aber wagte sich der in aller seiner Ruchlosigkeit immer noch nicht; zu ihm war er sogar gut, wie er's nur je gewesen.

Sie alterte frühzeitig unter diesen Begebenheiten. Eine ganz kurze Zeit war auch sie in der Ehe aufgeblüht. Das war vorbei, und sie verfiel sichtlich. Der Gram über ihre Kinderlosigkeit fraß ihr immer mehr am Herzen. Sie tat Gelübde und spendete reichlich. Immer neue kränkende Ähnlichkeiten fand der Wojtech an ihr heraus. Und immer wieder, und war die Frau nur für eine Stunde von Hause, versuchte er die Teresa, mit Drohungen, Verheißungen, die sie nicht lockten. Abmüden wollt' er sie, bis sie sich nicht mehr zu helfen wissen werde vor ihm. Es ging auch beinahe über die Kraft eines jungen Geschöpfes, was er alles mit ihr probierte.

Dennoch blieb sie fest. Hatte er seinen harten Schädel, so setzte sie den ihrigen auf, sich's nicht abtrotzen zu lassen. Und so war zwischen ihnen ein ewiges, wütendes, verhohlenes Ringen, von dem es nur ein Wunder war, daß es so lang geheim und unentschieden blieb.

Er mußte sie übermeistern. Mußte! Denn man merkte seine Verliebtheit und stichelte auf ihn. Ein Ehrenpunkt war's für ihn geworden. Er mußte seinen Freunden und vor allem sich zeigen, er könne durchsetzen was immer.

* * *

Es war ein sehr schwüler Sommertag. Eine so helle Sonne, daß selbst der Himmel bleigrau erschien und wie überflogen vom Staub, der tief und vor dem leisesten Windhauch beweglich auf der Landstraße lag. Die unsägliche Helle blendete und tat den Augen weh. Nirgendshin konnte man vor dem Flirren und dem großen Leuchten blicken. Und eine tiefe und atemlose Stille lag über dem Dorf.

Es war wie eine einzige, ungewisse, bängliche Erwartung über allem. Nur die March rauschte ferne und feierlich und glitzerte, wie ein bewegter Spiegel, der alles Licht ins Unerträgliche übergrellt. Der abgerissene Jubelruf von Kindern, die nächst der Mühle ihre Erquickung fanden, erklang wie ein fröhlicher Glockenton durch das Schweigen.

In ihrer Küche stand die Ruzena und schälte mit einem sehr scharfen, kurzen, dreikantigen Messer Kartoffeln für das Mittagbrot. Manchmal tat sie einen suchenden Blick nach dem Krüppel, ihrem Bruder, dem die gellendste Sonne nichts anhatte, der sie dankbar empfing und tief in sich sog.

Die Teresa war vom Felde heimgekommen. Ganz müd und aufgeregt von der Hitze. Ein wenig hatte sie sich verschnauft. Nun machte sie sich da und dort zu schaffen. Ihr blankes Hemd leuchtete wie ein weißes Flämmchen. Ja, da war eben Jugend und Kraft, der Arbeit und rastlose Bewegung eigentlich ein Bedürfnis waren. Mit einem stillen, tiefen Neid sah ihr die Schwester nach, die sich vom Leben und ihren Gedanken so sehr abgemüdet fühlte.

Dann kam sie wieder ins Rechnen. Das liebte sie. Das zog sie von Schlimmerem ab. Das Jahr war gut gewesen. Das Gras war reichlich geraten, und die Rüben standen über alles Erwarten. Zu verbrennen fand die Hitze nichts. Die Gerste war prächtig gediehen und versprach in der Farbe so zu werden, wie man es nur wünschen konnte: ein Korn makellos wie das andere. Das konnte ein schönes Stück Geld hereinbringen. Vielleicht, wenn der Wojtech nicht gar zu viel verliedert hatte und nicht allzu unangenehme Schulden aufkamen, konnte man ein Stück Feld dazu kaufen, daß feil war und das sie sich sehr wünschte. Wozu aber und für wen machte sie eigentlich noch solche Pläne? Dies fiel ihr schwer aufs Herz.

Es war so schwül, daß selbst das rastlose und eintönige Piepen der Küchlein verstummt war. Und sie dachte weiter: ja, die gesperberte Henne mit dem weißen Schopf, die taugte nichts mehr, die mußte fort, in die Suppe. Dazu war sie noch gut genug und sonst zu nichts. Und auch dabei wurde der Ruzena ganz eigentümlich weh um die Brust.

Der Ausrufer schritt durch das Dorf. Er handhabte seine Trommelschlägel lässig und ohne jeden feierlichen Nachdruck, den er sonst an sich hatte. Alleweil wischte er sich das Gesicht und schöpfte tiefen Atem, ehe er seine Litanei herunterratschte. Ja, wenn niemand auf einen achtet, dies lähmt den Eifrigsten. Er fühlte sich zum erstenmal in seinem Leben überflüssig und gar nicht Amtsperson. Natürlich, wer hatte die mindeste Lust, aus dem Schatten zu treten und auf etwas zu horchen, was er ohnedies schon wußte?

Es war eine unendliche Hellhörigkeit in der Luft. Und der Ruzena erschien es, sie vernehme ein fernes und eifriges Wispern, das durchaus nicht für sie bestimmt und zu undeutlich war, um es zu enträtseln. Ihm nachgehen? Ja, wozu denn, nachdem man froh war, daß man sich nicht zu rühren brauchte? Sie stellte zu und trocknete ihr Messer.

Und mitten in dieser feiertäglichen Stille ein Schrei. Abgerissen, gell, tierisch.

Die Ruzena horchte: gespannt, ganz Nerv. Wer hatte ihn ausgestoßen? Sie tat einige Schritte vor. Dann fuhr sie zusammen. Aber nicht wie eine, die in die Kniee brechen will. Denn sie sah etwas. Und geduckt, wie eine Katze, schlich sie vorwärts.

Hinter dem Stadel rangen zwei in erbittertem Ringen. Ihr Mann und ihre Schwester. Das Hemd des Mädchens war von wütenden Griffen zerrissen. Sein Atem ging schwer und keuchend. Noch widerstand es, und seine Kampflust war größer als seine Furcht, daß es nicht um Hilfe rief.

Dies Ringen hatte der Krüppel gesehen. Und vielleicht in Erinnerung an jenen Handel, der ihn Gesundheit und Verstand gekostet, hatte er, der sonst immer schwieg, diesen Schrei ausgestoßen.

Ganz prachtvoll hielt sich die Teresa. Ja, sie war geschmeidig und gekräftigt durch die viele Arbeit, und flink. Aber sie hätte erliegen müssen. Denn ihr Widersacher war viel stärker und tückisch.

Immer näher, ungesehen, jede Deckung benutzend, kam die Ruzena den beiden. Sie atmete kaum. Die Lippen biß sie zusammen. Dann – unmittelbar vor ihnen – ein heiserer, gieriger, unmenschlicher Schrei. Noch ein Satz, den nichts mehr hemmen konnte. Das Messer in ihrer Hand blitzte auf und stieß vorwärts, mit einer schrecklichen Wucht und Schnelligkeit. Die Seele der Ruzena lebte in diesem Stoß.

Der Hermann drehte sich um, einmal, zweimal. Das wäre lustig zu sehen gewesen, war es nur nicht so gräßlich. Dann warf er beide Hände hoch in die Luft und schlug nieder auf sein Gesicht. Und die Teresa schwor hernach, sie könne es im Leben nie vergessen, wie sich die Schwester stumm über den Verröchelnden geneigt, erstarrt, begierig, mit einem grauenvollen Ausdruck voll unversöhnlichen Hasses nach seinem letzten Zucken, seinem letzten, leisen Atemzug.

Alsdann schleuderte sie das Messer von sich. Und ganz tonlos: „Gib acht auf den Hof. Geh zum Bürgermeister und zum Herrn Dechanten. Ich muß in die Stadt, aufs Gericht. Um mein Recht.“ Und wie sie war, so ging sie. Mechanisch, getrieben von einer Gewalt, die stärker war als sie selber. Und die Teresa, immer noch im Bann, sah ihr nach, wie sie durch das Flirren des Mittags ihren Gang antrat, der Stadt zu, den Hügel emporklomm, den jener niedergestiegen, wie sie schnell, doch sonder Hast dahinschritt, barhaupt, das Kleid vorne besprengt vom Blute des Mannes, den sie niedergestochen. Erst da sie ihr entschwand, kam die Teresa zu sich. Sie schrie auf und schluchzte …

Dies ist der Fall der Ruzena Capek. Auf seinen Ausgang sind viele begierig, und er ist ungewiß. Denn wir haben nicht französische Geschworene. Man wird ihn zu seiner Zeit erfahren. Ich wollte nur die Begebenheiten mitteilen, wie sie im Heimatsort der Witwe Hermann berichtet werden...

# Die Hanna

Eine Postkarte war mir unversehens ins Haus gekommen. Florian Petersilka erinnerte mich alter Beziehungen, teilte mir mit, er habe sich nächst Klosterneuburg in einem einsamen Häuschen eingemietet, und bat mich dringend um meinen Besuch für nahe Frist.

Es war im beginnenden Spätherbst. Das ist die richtige Zeit für eine bequeme Wanderung die Donau aufwärts. Und der Mann, der in einer wunderschönen, weiträumigen, klaren Schrift diese Einladung an mich ausgehen ließ, stand mir klar genug vor den Augen, daß mir ein Wiedersehen mit ihm höchst erwünscht sein mußte.

Wir waren gute Kameraden gewesen am Kremsierer Gymnasium. Das war nun freilich manches liebe und leide Jahr her. Aber so lange Zeit mit starken Erlebnissen darüber verflossen war, ich hätte den wunderlichen Gesellen nicht vergessen können, auch wenn er sich späterhin nicht mir und allen, welche die Kunst lieben, in der nachdrücklichsten Weise ins Gedächtnis gerufen hätte.

Er war das Kind ganz armer Häuslersleute aus der Hanna. Und natürlich studierte er also über Wunsch seiner sehr frommen Mutter, und weil das am billigsten kommt, „auf geistlich“. Und er war dazumal sehr fromm und fühlte sich in seiner künftigen Würde nicht wenig und sprach voll Ernst und Salbung, die seinen heftigen und durch die Kutte doppelt fahrigen Bewegungen drollig genug widersprachen.

Er konnte sich in einen großen religiösen Eifer hineinreden. Dennoch traute man ihm nicht so ganz. Seine Flammen schienen gewollt verzückt. Und er hatte merkwürdig heiße Augen, von denen man das Gefühl hatte, sie ziehen alles tief in sich und sehen es ganz eigen und behalten es in sich.

Dann waren ihm seine Eltern weggestorben, so daß kein Einfluß mehr auf ihn geübt ward. Und ihm war von einem Oheim eine Erbschaft zugefallen, groß genug nach seinen Begriffen, um ihn frei und unabhänig zu machen. Augenblicklich sprang Petersilka aus der Kutte und offenbarte nun einen höchst merkwürdigen Pfaffenhaß voll kühner Übertreibungen, eine Verachtung aller Kirchengebote, die in der kleinen Stadt übel genug vermerkt wurde.

Denn Jud' und Christ mochten sich so weit nicht. Ein Freigeist aber mißfiel beiden Bekenntnissen in gleicher Weise. Denn man hielt auf Religion.

Er gebärdete sich hussitisch und die Deutschen hassend genug. Man glaubte es ihm nur so wenig, wie vordem seine ausbündige Andächtigkeit. Etwas unbewußte Komödie spielte er offenbar sich und anderen gerne vor, und er verlor sich immer völlig an die Umstände, unter denen er lebte.

Für begabt galt er durchaus nicht. Da hatten wir schon ganz andere Köpfe oder wie Pater Mathia sagte: *lumina*. Im Seminar hatte man ihn durchgeschleppt, weil einer schon sehr gottverlassen sein muß, was sich für einen Gottgeweihten doch nicht gehört, um da durchzufallen. Nun, da er ans Obergymnasium kam, ging es mit ihm jämmerlich genug. Er mochte weder lernen noch lesen, und dem Durchschnitt erschien er wohl stumpf und gleichgültig gegen alles. Offenbar blieb er nur auf der Anstalt, weil er sich für den elterlichen Beruf schon verdorben fühlte, weil er zum lateinischen Bauern keine Lust hatte und noch nicht recht wußte, was mit sich beginnen.

Er hatte dabei eine eigene Art an sich, die Herren Professoren gegen sich zu erbosen. Noch lebten und wirkten einige

Piaristen[12] darunter, denen es bei aller ihrer Duldsamkeit mißfiel, daß er sich trotz seiner ursprünglichen Bestimmung für die Kirche nun gar so weltlich und gottlos benahm. Und sie hatten die nicht eben löbliche Gewohnheit an sich, bei jedem Vergehen gegen Schulordnung und Lerneifer mit dem schärfsten Geschütz und mit Drohungen ewiger Verdammnis anzurücken.

Diese polterten, und andere winselten. Nun war es manchmal, als lege es Petersilka darauf an, die hochwürdigen Herren jeden nach seinem Temperament in eine gelinde Wut hineinzureizen. Dann stand er da, eines Hauptes länger als die gesamte übrige Klasse, die schwarzen, schlichten Haare zurückgestrichen, knochig, mager und eckig, und schwieg, die schwarzen Augen unverwandt auf seinen Lehrer, der nun sein Opfer war, gerichtet, stechend-spähend der Blick, als dürfe er keinen Laut und keinen Gestus vergessen: furchtbar ernsthaft und dennoch durchaus ein Kauz und ein Schalk.

Da war der Pater Mathia. Sehr streng, sehr eifrig auf sein Griechisch und auf seine Einführung in die philosophische Wissenschaft, mit denen man uns eben die letzten Weihen für die Hochschule gab und den Abschied vom Gymnasium versüßte. Wir hatten haarscharfe Logiker und erstaunliche Psychologen unter uns. Petersilka verachtete alle drei Fächer. Gerechter war keiner als Pater Mathia; keiner aber auch gröber. Denn er war ein deutscher Bauernsohn und gefiel sich in der Mundart und den Flüchen der Heimat. Er konnte wettern, daß es seine Art hatte und den Verstocktesten ein Schauder überkam; über zwei Fuhrknechte, die sich ineinander verfahren haben und nun nicht loskönnen, war er. Und man weiß, in solchen Fällen gewinnt die Erfindungsgabe Schwingen, und es kommen schöne und des Denkens würdige Leistungen zutage.

Der hatte den Petersilka einmal in der Arbeit. Es war ein Spektakel, als wolle er dem Burschen an den Kragen, und daß man auf den Gängen zusammenlief. Und mitten in seinem Koller, knapp nach der Frage, die immer den Höhepunkt seiner Ausführungen bezeichnete: „Du Mistkerl! Deinetwegen glaubst du, daß Christus gestorben ist?" wollte sich der hochwürdige Herr kräftigen und griff nach seiner Dose, denn daraus sog er seine schönsten und saftigsten Wendungen, und merkte mit Schrecken, sie sei völlig leer. Petersilka aber langte mit einer unsäglichen Seelenruhe in seine Tasche und bot dem Grollenden eine Priese dar. Gedankenlos griff der zu, schnupfte, und alle Buben brachen miteinander in das unbändigste Gelächter aus. Nur Petersilka schnitt sein unschuldigstes Gesicht, der Herr Professor aber bekam einen neuen Wutanfall, schimpfte und knurrte noch einiges und trat alsdann einen unrühmlichen Rückzug an.

Wir beide vertrugen uns ausgezeichnet.

Es war nämlich erstaunlich und wie ein Wunder, wie scharfe Sinne der Bursche hatte. Er bestimmte nach der Schichtung der Wolken das Ziehen des Windes. Er gewahrte jeden Kringel im betauten Gras. Er sah die Lerche, wenn sie ganz verloren und im Blauen ihr Sonnenlied herunterjauchzte.

Bestaunte man ihn darum, dann fuhr er sich mit der Hand übers Gesicht, wie es die Herren Lehrer in der Gewohnheit hatten, um die Glätte ihrer rasierten Wangen zu prüfen: „Weißt du, weil ich nicht so dumm bin, da werde ich mir meine Augen vielleicht auch mit den blöden Büchern verderben!"

Wir gingen miteinander spazieren. Aber den Park, der doch prächtig genug ist, mit seinen alten Baumgängen, mit dem stolzen Geflügelhaus, das sich so schön und goldgetont im großen Weiher spiegelt, in dessen stiller Flut an schwülen Tagen sich die Karpfen in dichten Scharen, die beschuppten

Rücken schillernd in der schwülen Sonne zur Fläche drängen, während ein leichter Wind die Blüten der Kastanien über die Wasser streut, den mocht' er durchaus nicht trotz der zierlichen Tempelchen, der rinnenden Bächlein, darüber sich schlanke Brücklein spannen, der großen grünen Wiesen, überwuchert von mannigfachem Blühen, auf denen der Pfau sein sonniges Rad schlägt, trotz seiner Haine voll einer schönen, verschwiegenen Einsamkeit und Kühle. Der war ihm gar zu gesittet.

Dahin ging man nur, um zu baden oder um einen müßigen und sonst verlorenen Nachmittag zu verdehnen. Und er sprach recht sehr verächtlich zu meinem innigen Schmerz davon. Aber ich war ihm durchaus nicht gewachsen.

Aber in die weiße Ebene hinaus gingen wir. Und ihm war keine Glut und kein Stäuben zu viel. Er sprach eigentlich wenig. Aber gedeutet hat er gerne, und man mußte erraten, was er meine und was ihn just beschäftige: etwa das schillernde Häutchen, leuchtend in allen Farben des Regenbogens, das sich auf einem Tümpelchen gebildet, oder der unendliche Rückglanz des Lichtes auf einem stehenden Wasser, wo man es mit einer Wehr gestaut, und sein Glitzern, wenn es milchig gischtend niederfloß, oder nur ein Baum, der überstäubt in der grauen Ebene stand, als hätte sein schwarzes Laubwerk Puder überflogen, oder nur ein fernes Dorf, das sich mit braunen Strohdächern in eine Mulde duckte, wie ein Rebhuhn in seiner Furche kauert. Bis ins sinkende Dunkel wanderten wir so. Bis die Sterne, die er zu nennen wußte, am Himmel standen und die Windmühle von Bilan mit ihren dunkeln und ruhenden Flügeln auf ihrem winzigen Hügelchen gespenstig und wie ein riesiges Andreaskreuz in die ungeregten Lüfte ragte.

Es war eine starke und ehrfürchtige Liebe zur Heimat in ihm. Er eignete sie sich an, er trank sie in sich, ohne jeden

Nebengedanken. Ich aber habe in solchen Wanderungen viel und unvergeßlich von ihm gelernt.

Bei der Matura haben mir diese Erkenntnisse nicht etwa genützt. Wir standen beide davor. Aber sogar Petersilka kam durch zum allgemeinen Erstaunen des Gymnasiums. Man ließ ihn durchschlüpfen, wohl mehr damit man seiner endlich ledig sei, mit dem man gar nichts mehr zu beginnen wußte, als in der Überzeugung von seiner Reife für die Hochschule.

Er verriet keinerlei Freude oder Überraschung über das immerhin unerwartete Ereignis der Prüfung, während viele darob gar nicht genug staunen konnten, nachdem er doch in mindestens drei Fächern geradezu jammervoll dagestanden war. Er sprach auch nichts davon, welchem Beruf er sich und seine Fähigkeiten zu widmen gedenke. Es war eine merkwürdige und unjugendliche Gleichgültigkeit in ihm.

Wir machten gemeinsam noch einen letzten, unseren liebsten Ausflug: zum Mövenweiher von Chropin.

Ein eintöniger Weg! Die Felder waren gemaht, und die Stoppeln standen kurz, gelb und traurig da. Es war trockene Zeit, und es stob allenthalben. Nur die Zuckerrübe hatte noch ihr gilbendes Blattwerk, und die gelbgrüne Hirse, die aus der Ferne so goldig weht, nickte mit schwachen und zierlichen Rispen.

Durch sparsame Wäldchen mit geringem Schatten ging's. Wieder war es die blache Ebene, über die die sinkende Sonne all ihren Strahlensegen ausgoß. Es war schwül und ein ungeregter Tag.

Endlich standen wir vor dem Gewässer, das uns groß genug erschien. Zwischen den rotbraunen Rohrkolben stieg ein gelles und flirrendes Leuchten auf. Blasen hoben sich zur Höhe und zerzischten platzend, und Binsen stiegen schlank, starr und überaus hochstämmig empor.

Über der Flut aber trieben Möven aller Arten und, wie es uns schien, aller Farben ihr Wesen. Sie kreisten einsam mit weißen, blanken Schwingen im Blauen, sie jagten einander, gesellten sich zu Schwärmen, kreischten gierig und fielen ein mit hastigen, blitzenden Bewegungen.

Die Schatten der wehenden Fittiche glitten über den Teich. Verwirrung bot der Blick aufwärts, Verwirrung der zum Boden. Dazu das Schrillen der vielen Stimmen. Nicht müde ward man vom Sehen; aber wie ein Taumel und wie ein Schwindel ging es davon aus.

Petersilka stand da. Stramm aufgerichtet und ganz Auge. Hinter ihm war die Sonne. Wie sie sich immer rascher zum Niedergang neigte, so vermehrte sich das Schwärmen über uns, wuchs das Schwirren der Flügel ins Unermeßliche. Zu Scharen kamen sie angesegelt, mit zuckenden eilfertigen Schlägen und heiserem Rufen. Vereinsamt schwamm noch eine einzelne und zog hoch oben, das Gefieder angeglüht vom Abendsonnengold, ihre schönen und stolzen Kreise. Petersilkas Schatten fiel mächtig über den Weiher; er sah andächtig in den vielen Glast[13] und sprach kein Wort. Nur mit einer herrischen Gebärde der Rechten, die ich nie an ihm gewahrt, die beinahe einer Beschwörung glich, schnitt er durch die Luft.

Hernach gingen wir heim. Schweigsam, wie gewöhnlich. Nur an ihm war eine merkwürdige Verdrossenheit, eine Abspannung, die ich denn doch nicht ganz verstand. Als trüge er ein Geheimnis oder eine neue Erkenntnis mit sich heim. Die Nacht drängte heran, und es war diesmal, als scheuche sie uns zurück zur Stadt. Einige spazierten noch am Ring; immer in der Tretmühle, in der Erholung so gut wie in der Arbeit.

Wir nahmen keinen gerührten Abschied, und wir schlossen keinen Bund fürs Leben miteinander. Aber ich habe oft, ach oft, seiner gedacht. Denn er kam mir aus den Augen.

Andere Sorgen nahmen mich in Wien gefangen. Denn ich habe mich in der fremden und großen Stadt schwer genug eingeheimt, mich oft genug in ihr verlassen geglaubt und unsicher und ungeschickt meine ersten Schritte in ihr getan. Ich vernahm wohl, auch Petersilka sei in Wien. Aber in der Universität sah man ihn niemals, nicht einmal zu Semesterschluß, der sonst auch die Trägsten zu einem Gang dahin bewegt und aufrüttelt. Was trieb er? Das war nicht zu erkunden. Was immer aber ich gehört hätte, gerade von ihm wär' mir gar nichts verwunderlich erschienen.

Ihn zu suchen hatt' ich keine Zeit. Wie auch hier einen aufstöbern, der sich vielleicht mit Bedacht verborgen hielt und Wege ging, die sonst niemand nahm? Die Überzeugung aber bestand bei mir, wir müßten uns wieder einmal begegnen und nicht nur für einen Augenblick.

Und so waren denn mehr als zwanzig Jahre vergangen.

Wege, voller Zuversicht und gemeinsam angetreten, hatten sich für immer getrennt. Manch guter Geselle war mir vergessen. Mancher verloren für diese Zeit oder für ewig. An diesem einen hielt mein Gedächtnis, vielleicht meine Seele mit einer sonderbaren Zähigkeit fest. Und mir schien, der ich doch selbst schon ergraute, er könne nicht altern, und ich sah ihn immer vor mir, wie an jenem Abend in Chropin: lang, mager, bartlos und mit vollem schwarzem Haar, bedachtsam und eckig und so schrecklich ungeschickt und windmühlenmäßig in den sparsamen ruckhaften Bewegungen der Arme.

Und dann war jene mährische Schule der Landschafter hochgekommen, so voll einer unergründlichen, grenzenlosen Liebe zur Heimat, zu ihren armen Reizen, so bestrebt, der Welt zu offenbaren, was sich alles aus ihrem träumerischen und von grauen und gekropften Weiden überschatteten Born schöpfen lasse; künstlerisches Neuland voll unerschöpflicher Fruchtbarkeit offenbarte, kaum daß man ihn unter den Pflug genommen, der gleiche Boden, den man so lange für Steppe gehalten. An der Spitze unter ihnen, der eigenste und selbstgewachsenste darunter, stand, fast über Nacht mit einem Schlage anerkannt und berühmt geworden, Führer wider Wollen und aus Notwendigkeit, Florian Petersilka.

Man spottete über seinen Namen. Aber man hatte sich in der letzten Zeit an andere, kaum besser glaublich oder klingend, gewöhnen müssen. An seinem unbedingten und siegessicheren Können aber war nicht der mindeste Zweifel, und ganz besonders mich berührten und zu mir redeten seine Bilder höchst eigen zu ihrer unerhörten Ehrlichkeit.

Dies war das reiche und fruchtschwere Flachland, das ich kannte, liebte und desto schmerzlicher ersehnte, je länger ich's nicht gesehen; umgrenzt von blauen Bergen, so daß nirgends der Eindruck der Grenzenlosigkeit und der Verlassenheit wach ward; mit den Wassern, die träge rinnen, große Bogen und Krümmungen machen, als könnten sie nicht müde werden, diesen dankbaren Boden zu benetzen; mit den eingesprengten dichten Anwaldungen voll friedlicher Schatten; den steifen Pappeln am Saum der weißen Straßen; erfaßt und beschworen in allen seinen Stimmungen, mit seiner ganzen Seele, die sich nicht jedem offenbart, die behorcht und bespäht sein will, ehe sie erwidert und lohnt.

Niemals war eine Staffage darauf. Aber die Sonne, ihr Spiel und all ihr Wirken, war mit einer erstaunlichen Kraft und Freudigkeit wiedergegeben. Es war eine Verlassenheit, eine linde Traurigkeit über ihnen und dennoch eine Verheißung von Segen.

Vielleicht nur ein einsames Haus; farbig getüncht; rund ums Grüne die goldenen Maiskolben, gleich Festons niederhangend, im hellsten Lichte aufglühend, es in sich saugend und rückstrahlend wie Garben Bernsteins, in dem sich die Sonne bricht.

Dies war die Art Florian Petersilkas, der mich nun, da wir beide Männer geworden waren und manches Land und manches Geschick erfahren hatten, zu sich rief. Etwa nur, weil ich einmal über ihn und sein Wesen voll aufrichtiger Freudigkeit geschrieben hatte? Dies schien mir nicht wahrscheinlich bei einem, der so eigenwillig in selbstgewählter Einsamkeit lebte. Aber ich machte mich, nachdem ich mich angesagt, sowie ich nur konnte, auf den Weg.

Auf dem Bahnhof Klosterneuburg erwartete mich Petersilka.

Wir drückten einander die Hand, ohne einer das rechte Wort für den anderen zu wissen. Es ist immer eine eigentümliche Befangenheit beim Wiedersehen nach so langer Trennung, und sie lähmt.

Wie vordem immer, so übernahm er die Führung. Wir stiegen hügelige Wege hinan. Es war ein sonniger Tag zu Ende Oktober; an dem man wandern möchte, ohne Ziel und sonder Ermüdung.

Es ist dann manchesmal, als trüge einen dieselbe Luft, die zu Lenzeingang so gerne niederdrückt und abmattet; als wehe der Wind förderlich, und als sei er erfüllt vom stählenden und erfrischenden Odem des nahen Winters.

Vor uns lief Petersilkas schneeweißer Spitz; vernehmlich keuchend und dennoch voll eines löblichen Eifers, als sei er verpflichtet, uns in der Richte zu halten. Nach einigen Schritten blieb er immer stehen, oder hatte er genügenden Vorsprung, so tat er sich nieder; die rote Zunge hing vor, seine Flanken bebten, und die guten, traurigen Augen sahen voll Vertrauen nach uns.

Es war etwas Verzaubertes über allem. Denn die Stille war unsäglich groß. Auf allen Wegen und Richtsteigen, auf denen sich sonst an Sonntagen im Sommer tausende lustwandelnd bewegen, war keine Seele.

Verspätete Quitten glänzten unterm Laube; die scharfkantige Frucht, so gleich einem Apfel und dennoch unverkennbar etwas anderes, das satte Leuchten ihrer Farben hatte etwas Fremdes, Märchenhaftes: die Mahnung zum Genuß. Trauben, die man bis zum ersten Frost auf dem Stock belassen, schwollen sehnsüchtig der Sonne entgegen. Marienfäden schwammen mit dem Wind, überspannen rotes Laub, umfingen Tautropfen. Das glitzerte, wie das köstlichste Geschmeide.

Wir sprachen kaum ein Wort. Nur manchmal flogen Blicke und forschten, ob denn jeder auch so recht genieße. Sie spannen den Bund zwischen uns von neuem. Petersilka hatte sich in all den Jahren wenig verändert. Er war sonnenbraun vom vielen Weilen im Freien. Sparsam etwa ein graues Haar in seiner schwarzen, immer noch nach rückwärts gestrichenen Mähne. Versonnene, aber sehr klare und zutrauliche Augen. Er trug keinen Bart; und seine Bewegungen waren wie dereinst: hastig, schlenkernd, unbeholfen und dennoch nicht ohne Kraft.

Wir machten vor einem einsamen Winzerhäuschen Halt. Der Spitz stand jappend davor und blaffte heiser; der einzige Laut, den ich während des ganzen Spazierganges von dem ernsthaften und würdigen Tier vernahm. Petersilka suchte in allen Taschen nach dem Schlüssel und lächelte dazu sein kauziges Lächeln. Endlich stieß er die Tür auf und ließ die Hand mit einer großen, wortlosen Herzlichkeit auf meine Schulter fallen. Eine unsägliche Fülle des Lichtes quoll uns entgegen. Denn der Raum hatte drei Fenster mit einer großen und mannigfaltigen Ferne. Im Grunde zog die Donau vorüber, und kiesige Bänke standen gleich gelben Eilanden, schwach bebuscht, in ihrer Flut. Die Einrichtung des Raumes war höchst einfach. Ein Bett, ein Tisch, einige Stühle. Alles aus gelbgestrichenem, weichem Holz, das noch nach Tanne duftete. Eine Staffelei, mit einer blanken, kaum erst grundierten Leinwand. Eine Kristallflasche mit edlem Wein; zwei schöne und helle Gläser.

Wir setzten uns. Petersilka schenkte ein, und wir stießen schweigsam und herzhaft an. Der Spitz tat einen erstaunlich flinken Satz nach dem Fensterbrett, streckte sich behäglich aus, ließ sich die Sonne recht breit auf den weißen Pelz scheinen und sah wie verständig bald in die Landschaft, bald nach uns herüber, immer den schlanken Kopf zwischen den Vorderpfoten; die rosige Haut leuchtete. Petersilka aber rieb sich die Hände: „Also, Freundchen, da bist du, und da bin ich", und es war ein sehr großes Wohlwollen in seinem Gesicht, und nun erst fiel mir auf, daß er den Ehering an seiner schlanken, doch knochigen Rechten trage. Er war also wohl verheiratet. Sonst war nichts von Schmuck an ihm. Nicht einmal eine Kette hatt' er, und wie er flüchtig nach seiner Uhr sah, so meint' ich, sie noch vom Gymnasium her zu kennen.

Es war, als hege jeder Tropfen, den wir schlürften, eine Erinnerung, zu fein und zu unkörperlich, um sie in Worte zu fassen. Ein herzliches Vertrauen, wie wir es einmal unausgesprochen in und zueinander getragen, quoll uns daraus entgegen, und die Zeit, die wir getrennt gewesen, versank im Nichts.

Andere Wege waren wir vordem gegangen. Andere, doch gemeinsam. Jene Gabe, die damals jeder im Gefährten gewittert und gefördert, mit eigenen Augen in die Natur und in die Welt zu sehen, wir hatten uns bemüht, sie nach Art und Anlagen zu entwickeln, und sie war bei ihm zur vollsten Künstlerschaft geworden. Er hob sein Glas und ließ die Sonne darein leuchten und sah dem edeln Farbenspiel zu: „Ja, der Wein! Einen solchen Wein hat's in der Hanna nicht? Gelt, Freundchen!" Und wie man einem Abwesenden Bescheid zutrinkt, so tat er einen raschen Schluck, wenn er bis nun nur andächtig sparsam verkostet hatte wie ein Kenner und wie ein Genießender.

Die Hanna! Da war das Zauberwort gefallen, das die Siegel der Vergangenheit sprengte, mir Zutritt geben mußte in geheime Kammern voll gehäufter Erinnerungen! Es war keine Neugierde in mir, nur eine stille Erwartung und eine starke Spannung. Denn die Entwicklung, die Petersilka genommen hatte, die fiel zu sehr aus dem Geleis. Wo lagen seine Anfänge, daß man nichts von ihnen wußte? Und mein Kamerad mußte manches erlebt haben. Da war ein schmerzliches Zucken durch das ganze Gesicht, wenn er in sich war. Und was ihm das Geschick an grauen Haaren erspart, das hatt' es ihm an Runzeln und Fältchen zugelegt, durch die eine unablässige Bewegung lief. Und der Blick war beim Sprechen sehr ernst und wissend. Und er sprach, wie der Wein, dem wir gern und tapfer zusprachen, immer mehr seine Wirkung übte, rasch und wie nach einer klagenden Weise.

Er erhob sich rasch und ungeschlacht, und der Spitz richtete sich zur Höhe, die Augen voller Erwartung. Er kraute ihm das Fell und lächelte, während der Ausdruck seines Gesichtes sonst sehr ernsthaft und nachsinnend blieb. „Ja, Freundchen und Bruderherz, das ist nun lang. Sehr lang ist's; so lang!" Er reckte die Hand und spreizte die Finger von sich. „Und wir meinten damals noch, ein Glas Wein ist eine Sünde, und wir wissen heute, was für ein gutes Ding es ist und was es überhaupt mit der Sünde auf sich hat, und wir waren damals freche Buben, und wir gelten dennoch heute für würdige Männer, und man grüßt uns. Und der Mathia, weißt du noch, der Mathia!" Und er lachte herzlich und schmetternd, und es war, als lache die ganze Stube mit und er würde jung davon.

„Der Mathia ist tot."

„So?" er zuckte die Achseln, „muß alt genug gewesen sein

dafür. Und der Ephraim Kohn, weißt du, der immer ‚Nü?' gefragt hat? Und den wir darum den Nü Ephelkistikohn geheißen haben? Beweglich genug war er dazu. Ist alles Griechische, was mir geblieben ist; und es reicht, ganz gut reichen tut es mir."

„Betreibt einen gesunden Getreidehandel und Malzexport. Filiale in der Schweiz", meldete ich gewissenhaft.

„Oder der Herr Direktor, weißt du noch? So ein guter Mensch, gar nicht zum glauben, wie gut! Und wenn er mich wieder einmal in Mathematik erwischt hat – und wann oder worin hat man mich nicht erwischen können? – dann ist er in seiner Stube auf und abgegangen und hat gemeint: ‚Ein schlechter Kerl ist er, dieser Petersilka. Schlecht in die Haut. Immer lernt er nichts und ärgert mich, wo er nur kann. Mich, seinen alten Lehrer und Katecheten. In der Hölle wird er brennen. In Ewigkeit, Amen. Aber, das ist Strafe genug; warum soll er mir da noch durchfallen und ein Jahr länger auf dem Halse liegen?' Und in lauter Bekümmernis über meine Boshaftigkeit hat er sein Nichtgenügend ausradiert und ein Genügend oder, wenn er von dem guten Bisenzer Wein, welchen er gar so gerne gehabt hat, ein Gläschen zu viel in sich hatte und also noch mehr Wohlwollen als sonst, gar ein Befriedigend hingeschrieben." Und Petersilka lachte.

„Zu nichts wird er's bringen. Ein Bettelmann wird er sein, sein Leben lang, haben sie gesagt. Und heut, welche von ihnen leben, die sind stolz genug auf mich. Und der schönste Bauernhof in der ganzen Hanna gehört mein, und mein Bruder mit den Seinigen bewirtschaftet ihn, und wenn sie daran vorüber zu Markte fahren, dann deuten sie mit den Peitschen darauf hin und stecken die Köpfe zusammen, und machen Gesichter, noch blöder vor lauter Wichtigkeit und Verwunderung wie sonst. Weißt du, weil sie nicht verstehen, wie man ein solches Stück für etwas Geld bekommen soll, was sie täglich vor Augen haben und woran sie nämlich selbst niemals etwas gefunden haben. Und das soll man bezahlen, mit über ein Joch Ochsen, und das geht in alle Welt: Das begreift er nicht, der Bauer! Und was er nicht begreifen tut, das hält er für dumm und überflüssig. Die Käufer sind blöd. Und ich bin ein Schwindler, ganz nichtsnutzig, der sein Geschäft nur versteht, den aber der Gendarm doch endlich einmal dahin führen wird, wohin er gehört." Er war in eine schöne Freudigkeit geraten, in eine große Lebendigkeit. Das war ganz prachtvoll.

„Du wirtschaftest mit deinem Bruder, Petersilka?"

Er nickte. „Wieder. Schon fünf Jahre wieder. Und seine Kinder sollen einmal nach mir erben. Er hat genug, daß sie viel gebrauchen können. Und es wird nicht wenig sein, bis ich endlich daran komme."

„Und du hast keine Kinder, Petersilka?"

„Nein."

„Und können keine noch kommen? Denn du bist noch jung!"

„Möcht' wissen woher? Mein Weib ist doch tot."

„Tot? Aber wirst du denn nicht mehr heiraten, Freund?"

Ein sehr entschlossenes Kopfschütteln. „Dem sie so gestorben ist, der darf's nicht mehr, oder er verdient es nicht anders, als daß man ausspuckte vor ihm. Das sollen sie doch nicht vorm Petersilka."

Eine schlimme und traurige Pause. Eine große Brummfliege summte schwerfällig durch das Zimmer und stieß an allen Fenstern mit erheblichem und unwilligem Lärmen an.

„Und du schreibst, Bruderherz?"

„Ich schreibe."

„Weißt du, gelesen hab' ich nix von dir. Nämlich kein Buch. Woher es nehmen auf dem Dorf? Nur natürlich den Artikel über mich, den hab' ich gelesen. Ich kann deutsch reden. Ganz gut sogar. Daß mich jeder versteht, wie ich's meine, und zur Not nehm' ich höchstens ein mährisches Wort. Aber lesen kann ich's nicht mehr recht. Nur natürlich, wenn einer so gelobt wird! Das versteht er immer." Und er versuchte zu lächeln.

„Mir haben deine Bilder einen starken Eindruck gemacht."

Petersilka legte seine Hand auf meine Schulter: „Hat mich gefreut. Denn du kennst doch das Land, und du hast auch Augen in deinem Kopf."

„Ich halte mich manchmal für einen verwunschenen Landschafter."

Petersilka schmunzelte. „Verwunschener Landschafter? Das gefällt mir. Wahrhaftig und sehr."

„Und es ist etwas ganz Eigenes und Neues in deinen Bildern. Da sind Stimmungen, wie sie noch keiner erfaßt hat."

Petersilka nickte. Aber ohne Überhebung, mit dem Recht der Selbstverständlichkeit. „Das glaub' ich selbst, und ich weiß auch, warum oder woher?" Er machte mit der Rechten eine großzügige, malende Gebärde: „Ich seh's um mich und werde gar nie müde davon. Und es ist immer in demselben etwas Neues. Und ich seh's dann wieder in mir. Das ist so, wie wenn man sich vor eine Landschaft erst hinstellt, und alsdann fängt man sie sich im Spiegel, und sie sieht anders aus, und man vergleicht."

„Und was du gemalt hast, das erkennt man immer wieder. Es ist innerlich mannigfaltig, und es ist sehr ehrlich."

Er wurde eifrig: „Muß es auch sein. Weil – sonst taugt es nämlich nix."

„Und es ist eigen, warum machst du nie Staffage? Immer nur die nackte Landschaft für sich?"

„Ist das nicht genug?" verwunderte sich Petersilka.

„Mir schon. Aber nicht für jedermann. Also, manche empfinden es als Armut, und mich wundert bei einem reichen

Menschen, als den ich dich fühle, immerhin eine solche Beschränkung und dieser Verzicht."

Er zuckte die Achseln. „Das ist nun schon so, und es wird kaum mehr anders. Weißt du, und es hat schon seinen Grund und seine Geschichte."

Er schwieg. Der Spitz tat von seinem Fensterbrett einen Satz zu Boden und wieder einen auf seines Herren Kniee und richtete sich an ihm empor. Petersilka streichelte ihn und drückte ihn mit sanfter Gewalt nieder auf seinen Schoß. Dann neigte er sich mit einer großen Zärtlichkeit nieder auf das Tier, so daß sein dunkler Kopf und der schneeige des Tieres in einer Linie lag, umfaßte sanft seinen Hals, und vier Augen sahen mich an, gleich an Farbe, Güte, und nur nicht an Ausdruck. Dann schenkte er ein. „Er! Dies gilt ihr!" Die Gläser klangen. „Nämlich, er hat sie gefunden. Und denke dir, sie hat Hanka in Wirklichkeit geheißen; ist das nicht wunderbar?"

Er tat den Spitz zu Boden, sehr bedacht und liebevoll, der zu winseln begann, sowie er den Namen hörte. Und er stopfte sich eine kurze Pfeife und begann, unablässig qualmend, zu erzählen. Im Auf- und Niedergehen, daß seine Stimme bald ganz nah und eindringlich klang, bald fern und vermurmelnd. Nun ungelenk im Ausdruck, suchend, stockend, dann wieder so voll ungewollter Eindringlichkeit, daß Wort und Wendung unbesieglich im Gedächtnis haften blieben. Und das eigentümlich Singende seiner Redeweise verwob sich zu einem starken Rhythmus, der nicht mehr weichen will und auch jetzt nachklingt, nun ich mich wieder mit seiner Geschichte beschäftige.

„Nämlich, wir haben einander nicht mehr gesehn, sowie wir nach Wien gekommen sind. Und mir wär' gar nichts, nicht um eine Pfeife Tabak daran gelegen, wenn sie mich noch ein

Jahr auf dem Gymnasium gehalten hätten. Denn zu sagen hat mir keine Seele was gehabt. Und was ich hernach mit mir anfangen soll, hab' ich ganz und gar nicht gewußt.

Du bist Philologe geworden und hast dir's später auch anders überlegt. Ja, was geht das mich an, wie die Leute einmal gesprochen haben, und warum sie es jetzt nicht mehr so tun? Halt, wahrscheinlich gefällt es ihnen anders.

Und warum soll ich arme Buben damit martern, die sich nicht einmal wehren können? Und die Geschichte? Was lernt man da? Wann und warum etwas geschehen ist, was keine Katz' kümmert, daß es geschehen ist. Und mit einem Juristen und mit einem Mediziner, da ist man doch glücklich, wenn man nichts mit ihnen zu tun hat. Man ruft sie, wenn man sich schon gar nicht anders helfen kann, und haben sie erst einmal glücklich die Türe hinter sich zugetan, so möcht' man am liebsten Weihwasser sprengen und mit Wacholder räuchern hinter ihnen. Und ein Beamter? Mir waren schon die Professoren zu viel, die ich vor mir gehabt hab', und ich hab' mich innerlich gewehrt gegen sie und jeden komisch oder dumm gefunden. Wie viele hat so einer über sich, die an ihm schulmeistern, nur damit er sieht, sie sind wer und er hat sich vor ihnen zu ducken!

Warum soll ich mich aber erst plagen und noch viele Jahre lernen, nur damit ich etwas werde, was mich hernach nicht für einen Kreuzer freuen möchte, wenn ich's schon bin? Das hab' ich nicht eingesehn. Und fürs Dorf war ich durch die Frömmigkeit meiner Mutter doch schon verdorben, die mich hat zum Pfarrer haben wollen. Wie ein Bauer leben, das ging nicht mehr, in Ewigkeit. Sonst hätt' mir's gerade dort gefallen, wie sonst nirgends in der Welt und mit meinem Bruder und mit seinem Weib hab' ich mich immer ganz gut vertragen. Nur – faul haben sie mich gern geschimpft. Wann ist ein Mensch faul? Wann ihn keine Arbeit freut. Und wenn er sich nicht einmal eine weiß, die ihm Spaß machen möchte, so ist er am allerfaulsten.

Also, weil man doch wohin muß, so bin ich nach Wien. Und ich hab' mich sträflich gelangweilt. Aber geschämt hab' ich mich auch vor euch, die jeder gewußt haben, was sie wollen, und, wenn ich einen von euch gesehen hab' mit Heften und womöglich immer mit einem Pack von Büchern, und ihr habt's so eilig gehabt und so wichtig, so hab' ich einen Bogen gemacht wie der Fuchs oder erst verstanden, wozu die engen Gassen gut sind und die vielen Durchhäuser in Wien. Und dabei hab' ich noch dazu immer ein sonderbares, ein ganz ein verdammtes Gefühl von Hochmut in mir gehabt.

Nämlich, so als wäret ihr alle zusammen dumme Teufel. Die ihre Jugend verkümmern und es in sich hineinpumpen müssen, nur damit es nicht zu hohl und leer ist in ihnen. Und ich bin immer noch der Klügste unter euch. Und es wird schon der Tag kommen, wo ich's euch zeigen werde, wer ich eigentlich bin, und zwar augenblicklich, und wann ich erst wissen werde, was ich will. Wann das aber sein wird? Ja, wer weiß das, oder wie kann man das sagen? Das kommt schon, und man muß sich eben gedulden bis dahin, und in mir ist es gestanden, fest, wie wenn ich's vom Gericht hätt', ich kann warten, und nicht einen Augenblick hab' ich eine Angst gehabt, ich könnt' untergehn oder, nur damit ich etwas bin, ein armer Schreiber oder Schullehrer werden, nur weil man das Seinige aufgegessen hat und dem Bruder nicht immer im Brotladen liegen will oder darf.

Ich bin viel in die Galerien. Erstens, weil ich so massenhaft freie Zeit gehabt habe, denn ich hab' mich doch nicht einmal immatrikulieren lassen. Und wenn schlechtes Wetter ist, so kann man nicht bummeln, und man wird durchaus trübsinnig, soll man immer zu Haus sitzen, und die Luft im Café hab' ich nicht den ganzen Tag vertragen. Dann, weil ich sicher gewesen bin, man trifft doch keinen braven Studenten, wie ihr es gottlob und zur Freude der auch brav gewesenen Eltern alle geworden seid. Der geht einmal hin, mit einem zweiten, damit er sich nicht zu sehr langweilt und einen Zeugen hat, daß er da gewesen ist, wo er eigentlich nichts zu suchen hat – was?"

„Mich hättest du oft treffen können, Petersilka!" warf ich ein.

„Hab' ich halt Gück gehabt. Und du warst eben kein braver Student. Denn je öfter ich hingekommen bin, desto weniger hätt' ich einen zweiten brauchen können, nicht einmal dich, mit dem man nicht hat reden müssen, sondern man hat ihm nur gezeigt, und er hat schon selber die Augen aufgemacht, so gut du's können und begriffen hast.

Gezeichnet hab' ich immer gern gehabt. Und besser wie alle, die sich damit groß gemacht haben unter uns. Nur hergezeigt hab' ich nichts davon. Denn was hat das für einen Zweck? Aber Bildchen nachmalen, worauf sie sich das meiste eingeredet haben, und wer's am besten getroffen hat, der hat sich gehörig gewundert über sich selbst, das hat mir niemals Spaß gemacht. Ich hab's ja doch nur getan, damit ich mir besser merken kann, was mir einmal gefallen hat oder was mir kurios vorgekommen ist und wovon man doch nie weiß, ob man es noch einmal wieder und genau so sieht. Sonst – ja was hätt' ich denn sonst mit meiner Zeichnerei wollen? Und sie haben doch immer ein Wesen gemacht, wie schwer das ist und wie man's lernen muß, daß ich Esel geglaubt hab', nur weil ich's nicht gelernt hab', so kann ich nichts.

Und dabei ist das Unsinn. Denn man muß aufpassen. Denn weißt du, Freund, manchmal hat ein Ding, welches du hundertmal gesehen hast, ein ganz anderes Gesicht an sich wie sonst. Du bist immer daran vorübergegangen, und es war nix, aber schon rein gar nix daran. Und auf einmal hat es eine

Stimme an sich, und damit sagt es dir: ‚Da bleib stehn. Ich bin anders, und ich bin jetzt so, wie ich in wirklicher Wahrheit bin und erst wieder wer weiß wann sein kann. Verstehst du das, Bruderherz?‘“

„Ich verstehe. Alles hat ein Doppelgesicht. Und in gewissen Augenblicken, die man festhalten muß, enthüllt es sein eigentliches Wesen.“

„Meinetwegen. Du sagst es halt gebildet. Also, es ist mir vor den Bildern oft vorgekommen, als möcht’ ich auch einmal so etwas können. Die Bilder haben mich müd gemacht und aufgeregt auch. Und wenn ich von ihnen und dem Nachdenken darüber genug gehabt hab’, so ist da ein sehr schöner Blick auf Wien, zusammengehalten durch die schnurgeraden Alleen, und mit jedem Schritt, den du heruntertust durch den Garten, so verschwindet etwas davon, und auf einmal stehst du mitten auf der Straße und in ihrem Lärm und wirst sehr empfindlich wachgerüttelt und aufgemuntert, und es macht die Pferdebahn ihren Lärm, und es holpern die Wagen ganz abscheulich, und du siehst nicht mehr die Berge und die vielen grauen Häuser und die Türme darüber, die jeder ein eigenes Gesicht haben. Und so, nämlich aus der Entfernung, hat mir die Stadt ganz gut gefallen, in die ich mich sonst durchaus nicht hab’ eingewöhnen können. Heimweh gehabt hab’ ich nicht; aber wohl ist es mir auch nicht einmal um das Herz geworden in diesem sehr lauten Wien.

Zu Hause, bei mir, hab’ ich dann gezeichnet oder zu malen probiert. Denn meine Stube war sehr hoch oben, und mir ist zu Anfang immer schwindelig geworden, wenn ich hinuntergesehen habe, und ich hab’ mich ordentlich gewöhnen müssen daran. Aber sie hat auch ein Licht gehabt, wie man sich’s besser gar nicht wünschen kann. So hab’ ich’s eine Zeitlang gehabt, und wenn mir einmal die Farben zusammengelaufen sind und es ergab sich eine schöne Sauce, so war das kein

Unglück. Und bei den Kunsthändlern bin ich herumgestanden gern und lang und hab' mir angesehn, was sie da im Schaufenster haben und wovon sie sich also einreden, es könnte den Leuten gefallen, die ein Geld haben. Blöd bin ich nicht, Bruder, bin ich niemals gewesen, und ich hab' mir sagen müssen: da hast du zu Haus auch schon bessere Blätter, Florian! Und einmal nehm' ich einige davon und geh' zu so einem Bilderjuden. Der setzt seine Brille auf – und ganz schief, und wie der Aff' auf dem Kamel ist sie ihm auf dem Höcker oben gesessen und hat so gerutscht, und guckt und guckt und sucht sich was aus und legt mir Geld dafür hin – einen ganzen Haufen, ist mir dazumal vorgekommen. Draußen reib' ich mir die Hände und denke mir: den hast du schön hineingetunkt in die Schmiere, und tu' mir einen guten Tag an. Denn es war doch mein erstes Geld, was ich selber verdient hab' in meinem Leben, und das schmeckt, und für den einen Tag hat es denn auch gereicht. Und den nächsten Morgen nehm' ich mir ein Herz und anderes von meinen Sachen und geh' auf die Akademie. Und dort haben sie geguckt und gebrummt, allerhand, damit man's nicht versteht, und haben gemeint, ich kann jeden Tag in die Ausbildung eintreten.

So, da hast du's! Aber wozu? Das sagt dir keiner. Und bis du selber heraus hast, was du eigentlich könntest und wohin du gehen möchtest, so kannst du dir die Beine so schön müde gelaufen haben, daß du sie nicht mehr spürst und dich das Gehen schon nimmer freut.

Meist, sowie sie sich nur ein bißchen spüren, so machen sie sich an den Akt. Weil sie nicht wissen, wie schwer und daß das eigentlich das Höchste und das Letzte ist, was nur selten einem ganz gelingt und sich ihm ganz offenbart. Und sie sind auch dumme Hunde und wollen ihren Spaß haben.

Und eben das war mir widerwärtig und durchaus ekelhaft. Weißt du, ich hab' immer so was gehabt in mir wie Schamhaftigkeit. Und sowie der Herr Professor die Tür erst hinter sich zugemacht hat und man sich vor ihm nicht mehr zu genieren braucht, Schindluder treiben mit so einem armen Weibsbild, das sich nicht zu seinem Vergnügen, sondern ums Brot dazu hergibt und gewiß nicht immer so war, und sich aufführen wie die richtigen Affen – das ist nichts gewesen für mich. Ganz und gar nichts.

Also: ich bin in die Landschaft. Ist, sollte man meinen, ein ruhiges und ein sehr reinliches Geschäft.

Da hat aber einer einmal einen Baum hineingesetzt wie einen saftigen Patzen oder einen schweren Klumpen in die Natur. Und das hat einem anderen gefallen, und er hat's gekauft und mit schwerem Geld bezahlt, weil, wenn Gott das Geld nicht an Narren geben möchte, so hätten andere Pfuscher nichts zum Leben. Und also haben alle schwarze Patzen ins Grüne geschmiert und sich sehr damit gefreut und sie bewundert.

Oder sie haben mit einer vielen Emsigkeit Gemüse erzeugt und geglaubt, das mache keinen Unterschied, ob man's nach dem Metzen verkauft oder nach der Elle. Ganz besonders gern gehabt haben sie den Spinat; vielleicht weil er so gesund ist, sagen die Doktoren. Da haben sie eine Wiese gemacht, schön giftgrün; und weiße Anemonen, und immer eine große gelbe Butterblume in der Mitte. Das waren die Spiegeleier, ohne die schmeckt's nicht recht und ist und bleibt ein fades Essen. Und wer sich nur eine Gänsedistel zugetraut hat, der war ein Rebeller. Und einen Rahmen darum und einen Titel darunter – fertig! Das geht dann, wie geschmiert.

Und keine wirkliche Farbe haben sie mehr gesehen oder empfunden oder sich nur einmal gefragt: wie kommst du ihr bei, daß sie wie wirklich wirkt und wieder auch dich packt und aufregt, wie sie dich in der Natur nicht mehr losgelassen hat? Da hat jeder sein Kochbuch im Kopf gehabt, und da ist's ganz genau gestanden, was man nehmen und welche Werte man mischen muß, damit das Gemälde nach etwas gleichsieht. Gar nie waren sie so verlegen, das ist ja richtig, nicht einmal vor Effekten, wie sie manchmal die Natur abbrennt und sie einem die Red' verschlagen. Das ist ja richtig; und wenn's dann doch nicht gestimmt hat, so war's nicht ihre Schuld, sondern die Kunst hat eben ihre Mucken, und die Natur gar. Oder hast schon eine Köchin gekannt, die zugegeben hat, es ist ein Essen durch ihre Schuld verpanscht worden? Hast, Freunderl?

Und wenn sie schon einmal vor die Natur studieren gegangen sind, so war das ein schwerer Entschluß. Denn man weiß doch nicht gewiß, ob die Sachen in der Wirklichkeit so sind, wie man sie sich vorgestellt hat und wie sie im Kochbuch beschrieben stehn. Und das sind dann so gewagte Geschichten. Können auch schief ausgehn, und ein vorsichtiger Geschäftsmann läßt sich nicht gern darauf ein.

Und in ganzen Horden sind sie fort. Weil nämlich – der Maler ist ein geselliges Tier – und sie sind nur dorthin gegangen, wo schon viele andere vor ihnen gewesen waren, weil er die erprobten Wege liebt und die eingeführten Muster. Und so lang und so aufrichtig und im guten Glauben haben sie durch fremde Brillen gesehen, daß sie jeden eigenen Blick verloren haben.

Und so zufrieden waren sie mit sich und so fleißig und so flink! Und wenn einer eine kürzere Zeit für den Quadratmeter Leinwand gebraucht hat, wie ein anderer, so hat er einmal mehr verdienen können wie dieser und war also der größere Künstler. Und um einen ‚berühmten' Baum sind sie mit ihren großmächtigen weißen Malschirmen herumgesessen, nicht anders, als hätten sich die Schwammerlinge, aber welche, die man schon durchaus nicht essen kann, ohne hinzuwerden, auf die Wanderschaft gemacht. Und gänzlich ernsthaft haben sie das getrieben, und nicht einmal den Humor haben sie gespürt, und jeder hat's ihm abgewinnen wollen. Kannst dir denken, wieviel auf einen gekommen ist. Pfui Teufel!" Er spie heftig vor sich hin, und ich wußte nicht, ob aus der Erinnerung an jene schöne Zeit gewissenhafter und sorglich gehüteter Kunstpflege, oder war ihm die Asche seiner Pfeife, an der er heftig herumklopfte, in die Kehle gekommen.

Er putzte sie sehr sorgfältig, stopfte sie frisch und tat einige starke Züge.

„Also, das war nichts für mich. Das hab' ich sehr bald gesehen. Was ich von ihnen hab' lernen können und was mit ihnen, das hab' ich bald weggehabt. Nämlich, was so ins Handwerk schlägt und was ja auch sein muß. Auch dafür muß man immer dankbar sein. Denn man vertranscht anders sehr viel gute und nützliche Zeit. Aber was beginnt man nun mit sich und wie kommt man weiter, dahin, wohin man möchte, wohin es einen lockt?

Ich bin in den Ferien nach Hause. Da und dort hab' ich's probiert, und dies und das hab' ich angefangen. So, wie man eben sucht, ohne den ganzen Glauben an sich. Aber – es ist auch nicht und niemals das Richtige gewesen.

Etwas hat immer und überall gefehlt. Ganz gut abgeschrieben waren die Dinger ja so weit, daß man wiedererkennen hat müssen, was ich dabei gemeint hab'. Und mein Bruder hat schon sehr gestaunt.

Du, das ist nicht so wenig, wie du meinst. Nämlich, von der Kunst versteht so ein Bauer gar nichts, und ihm mit der Technik imponieren wirst du nicht. Aber wie so ein Ding, das er immer um sich hat, aussieht, das weiß er, und er läßt dir keinen Fehler und keine Abweichung durch.

Aber das Eigentliche weißt du, das Letzte war nicht darinnen. Gespürt hab' ich's. Aber das ist mir irgendwo stecken geblieben. Und wenn ich mich erinnert hab' wie glatt die anderen nach ihren Kochbüchern heruntergemalt und wie mit vollen Backen sie ihr Werk beschmatzt haben, so bin ich mir sehr dumm und mühsam und ein langsamer und ein unzufriedener Peter vorgekommen.

Halt ein richtiger Hannak![14] Was will der in der Kunst, wo noch vor ihm keiner war? Und was kann ich dafür, daß ich Augen habe, welche die Dinge niemals so erblicken, wie man's in der Schule von uns verlangt hat, daß wir sie ansehen sollen? Immer anders, ganz anders! Und war das vielleicht nicht so, wie mit unserem Erdreich? Das braucht viele Arbeit, immer wieder, wenn es lohnen und tragen soll, wie es kann. Denn es ist tiefgründig und schwer und fett, und es zahlt sich schon aus, wenn man's nur daran wenden tut.

Ich hab's nicht zu Haus ausgehalten. Ins Gebirg bin ich, in den Beskidenwald. Einen Stummen hab' ich mir mitgenommen, damit er meine Sachen trägt, für mich kocht und meine Gänge tut. Denn mich hat's nach der Einsamkeit sehr verlangt. Das heißt, nach mir selber und dem, was in mir ist. Eine Waldhütte hab' ich mir ausgesucht, wo kein Dorf auf sehr weit in der Nähe war und nichts herum, nur Fichten und Tannen. Und dort hab' ich gehaust wie ein richtiger Kauz und hab' gemalt, zu jeder Zeit und bei jedem Licht, bis der richtige Winter gekommen ist und mich zurückgetrieben hat unter die Menschen, weil es nicht einmal mein Stummer mehr ausgehalten hat in dieser Öde.

Damals", er streichelte seinen Spitz, „hab' ich mir's angewöhnt, immer so ein Vieh um mich zu haben. Und darum und aus der Zeit ist er so still – denn gegen wen hätt' er auch nur bellen sollen? – und so verständig.

Gelernt hab' ich viel. Wie sich die Wurzeln verknoten an so einer Fichte über dem Boden, nicht anders, wie die Adern auf einer welken und abgearbeiteten Bauernhand, die sich über etwas zusammenkrallt, um es gar nicht mehr auszulassen. Und wie so ein Stamm anders, immer anders wächst, je nach dem Windesfall. Und wie seine Rinde sich färbt, je nach der Stellung, die er an sich hat. Und wie unter vielen tausenden niemals einer völlig dem Nachbarn gleich sein wird. Und wie das Dunkel hereinbricht in den Wald, ganz plötzlich und traurig. Und wie das Mittagsschweigen ist, mit dem Flammen der braunroten Rinde, wenn die Nadeln knistern und rieseln und es ist wie ein Duft von Weihrauch in ihm.

Und erst die Nächte! Der Uhu, der heranschwebt mit dem rauschenden Flügel und mit glühenden Augen und ruft, daß man sich fürchten könnte, immer wieder ruft, weil ihn das Licht lockt. Und das ist, wie in der Spinnstube: ein altes Weib erzählt eine Geschichte, die ganz danach ist, daß die Mädchen wirklich eine Gänsehaut über sich kriegen könnten, und alle fürchten sich und halten sich den Mund zu, damit sie nicht quietschen in ihrer Beklommenheit, und reißen die Augen und die Ohren auf, weil sie ja nichts verlieren wollen, und wenn sie dann heimgehen, so kriecht's an ihnen herauf, und sie kichern vor lauter Angst in der Dunkelheit und sie sind mit jedem froh, der sie heimführt, wenn er sie nur recht fest an sich preßt. Und wieder ein andermal wird dir, du siehst alle guten Geister im Wald. Und sie lachen heiser hinter den Bäumen vor und sie sitzen an den Spitzen der Zweige, hängen sich daran und haschen sich wie übermütige Schulbuben, die niemanden über sich haben, und treiben dürfen, was sie freut. Und sie klettern auf die Felsen, die da grau und nackt stehen, und sie sonnen sich im Moos und machen sich breit, breit, bis sie zerfließen.

Und der Wald hat seine tausend Stimmen. Und eine jede lernst du verstehen, und es ist eine jede anders, und du hast nichts zu tun, nur darauf zu achten, was sie dir immer sagen wollen. Denn es hat immer Sinn und Bedeutung. Und niemals wiederholt sich ein Laut, wenn du nur dein Ohr genug schärfen kannst, und selbst der Sturmwind, wenn er sich hineinlegt in den Wald und die Bäume müssen mitschwingen und wollen nicht und zittern vor Zorn, selbst der hat immer einen anderen Ton und eine neue Weise.

Und dann die Regenzeit! Die Tropfen fallen dir den ganzen, ganzen Tag. Das klatscht und klatscht und kocht förmlich und schlurft über das Dach und zischt und rieselt. Und das ist, als hätten graue Gespenster einen grauen Mantel umgeschlagen und der Wind treibe sie und sie huschten durch den Wald. Und du willst es malen, und es geht gar nicht. Und du wirst ordentlich krank und sehnsüchtig nach einem Blickchen Sonne, und taub wirst du von dem traurigen Lärm und du hörst nichts, nur immer wieder dasselbe, und dein Spitz winselt und winselt und will hinaus und bleibt an der Türe stehn und er schaudert über das ganze Fell. Und durch die grauen Strähnen blinkt es, macht große Bogen und springt dir ins Gesicht und zerfließt: der erste Schnee.

Ich bin nach Hause. Und mein Bruder und meine Schwägerin, der Josef und die Josefa, haben sich sehr mit mir gefreut und mich tun lassen, was ich eben hab' wollen.

Erst hab' ich mich freilich wieder an Menschen gewöhnen müssen. Natürlich, und ich war ihnen auch fremd. Der Studierte! Und noch dazu, der auf etwas lernt, auf das man sich schon gar keinen Reim nicht weiß. Aber man hat sich innerlich gern gehabt, und dann versteht man einander bald und ehrlich wieder, und es ist eben gut.

Aber nirgends ist ein Müßiger so sehr verloren wie im Dorf, wo es außer ihm keinen sonst gibt. Der Tag hat eine Länge, als zerrte wer an ihm – nicht zum glauben. Und zu Abend geht man ins Kasino und sieht zu, wie die Beamten Karten spielen und sich bewundern, wie gut sie's können, oder auf dem Billard liegen, und trinkt seine paar Glas Bier und vertut seinen Gulden, und ist glücklich, wenn man wieder einmal schlafen gehen darf.

Unzufrieden aber bin ich mit mir nicht gewesen. Ich hab' nichts zusammengebracht, aber schon gar nichts. Aber mir ist vorgekommen, das muß so sein. Und ich warte so innerlich. Das ist nicht anders wie mit einem Feld, wenn du mitten im Winter daran vorübergehst. Eins sieht aus wie das andere. Aber weil der Boden gut ist, so mußt du glauben, man hat ihn bestellt, und kommt erst die Zeit, so wird es schon aufsprießen, und du wirst sehen, was da ganz insgeheim gewachsen und geworden ist, und wozu es taugt und gut ist. Denn einpflügen, das ist eine sehr dumme Geschichte.

Es ist ein sehr schönes Frühjahr geworden. An zurück nach Wien hab' ich keinen Augenblick gedacht. Was hab' ich denn da wollen? Aber ich war unruhig und recht sehr ohne Lust zu allem, weil doch jeder gewußt hat, was er mit sich anfangen soll, ohne Wink und ohne Wort, nur ich nicht mit meinem Studium und samt meiner Akademie. Ich bin viel um das Dorf gestrichen, das sich in sein Tal hinstreckt, als wollt' es sich verstecken, weil es da warm ist. Hat keinen Grund dazu. Es kann sich immer noch sehen lassen. Nicht ein einziges Strohdach ist mehr da, nur Schiefer oder Ziegel, und es geht den Leuten gut. Also, ich bin gebummelt. Ein paar Stimmungen waren da; nicht viele, aber doch einige – wer die packen könnte, ganz erwischen, der wär' schon was.

Und dabei war noch etwas, was mich gequält hat immer mehr und mehr, wie der Tag länger und das Licht dauerhafter und besser geworden ist. Nämlich, die Landschafterei hat mich nicht mehr gefreut. Natürlich, ich habe sie doch nicht einmal noch gekannt. Sie war mir nicht mehr genug. Und ich habe nicht geglaubt oder das Vertrauen gehabt, ich könnte in ihr das ausdrücken, was ich den Menschen sagen will. Und in der Kunst ist doch das Höchste der Mensch. Denn auf ihn zielt alles. Und nur wer ihn nackt sicher kann, der kann ihn auch in den Kleidern bilden, daß man an ihn glaubt und er dasteht, wie er soll.

Aber das braucht vieles Studium und großen Fleiß. Und auf der Akademie hab' ich das nicht treiben wollen; warum nicht, hab' ich dir schon gesagt. Und nun hat mich das geärgert, und es war mir ein Versäumnis, und ich habe durchaus nicht gewußt: wie macht man das jetzt gut? Und gar hier? Und das ist und das macht doch schon verdrießlich.

Mit meinem Bruder hätt' ich nicht davon reden können. Der hätt' doch kein Wort davon verstanden. Und hätte mich für verrückt oder voll von sündhaften Gedanken gehalten. Aber – woher ein Modell nehmen da auf dem Dorf und wie die verstehen lernen, was man eigentlich will von ihr? Man kriegt Kopfweh und gänzlich kranke Gedanken dabei.

Sie sind ja nicht so sittlich. Wenn es einer mit einer hat, so ist da weiter nichts, und hat er's mit mehreren, dann hat er eben Glück, und sie sollen klüger sein und aufpassen; und kriegt ein Mädel ein Kind, so regt man sich weiter auch nicht auf. Ist sie sonst nur brav, so heiratet sie der, oder es nimmt sie schon ein anderer, oder sie geht in die Stadt und hat also ihr Fortkommen. Aber sittsam sind sie durch die Bank. Sehr sittsam. Und dies alles ist erhört und alt; aber was ich hätte begehren müssen, das war unerhört und neu, und man hätte sich also bekreuzigt und entsetzt davor. Und in der Stadt war gar nichts für mich zu finden. Denn, was es da gab – du lieber Gott!

Ohnedies, man hat mir nicht ganz getraut. Ich war schon zu lang fortgewesen. Und mein Bruder war auch nicht zufrieden mit mir. Nur sagen hat er mir nichts können und hat sich's nicht getraut. Denn ich hab' doch von keinem gelebt. Wie zerfahren aber ich bin und wie ich was möcht', ohne zu wissen was, dies hat ein jeder merken müssen. Und zwischen Josefi und Ostern war es ganz besonders schlimm mit mir. Denn da sollen die Äcker bestellt sein, und in mir ist eine große Brache gewesen. Und man sieht doch ordentlich, wie alles im Leben drängt und es gar nicht mehr erwarten kann, und in mir will sich gar nichts regen.

Ich hab' allerhand Zeichnungen gemacht. So tolles Zeug, wie ich's aus den Beskiden mitgebracht hab', und Einfälle. Die hab' ich ausgefertigt und da und dorthin geschickt, und man hat sie mir genommen und gut gezahlt. Das war mir recht; wegen meines Bruders, damit der sieht, daß meine Kunst nicht so brotlos ist, wie er vielleicht meint. Aber zufrieden war ich nicht damit. Das sind Fratzen, und es ist nicht meine Sache, und ein anderer kann das schon besser.

Sie haben auch oftmals Kriegsrat über mich gehalten, ich kann es nicht anders heißen, der Josef und die Josefa. Er war nämlich ein sehr kluger Mensch, ohne daß er etwas gelesen hat, nur seinen Kalender. Den hat er auswendig gelernt, glaub' ich, jedes Jahr. Was er angepackt hat, das hat einen festen Griff und einen guten Schick gehabt, und es hat nichts auf der Welt gegeben, was er nicht verstanden und er für sich auch gedacht hat. Nu, das hat man ja im Dorf auch gewußt. Nur ordentlich geschämt hat er sich seiner großen Klugheit und war also schweigsam, und sein Weib ist es mit ihm auch geworden. Es sind zwei prächtige Menschen; tun niemandem nix, aber wollen auch von keinem was; sind ganz ohne Bücher und ohne Getu'.

Da sitzt er einmal auf der Ofenbank und hat seine Rast. Es ist ziemlich kalt den Tag, und er hat seine Pfeife geraucht und nachgedacht; halt über Steuern und warum der Weizen so billig ist. Und ganz unerwartet sagt er mir, der ich am Fenster sitze und Arabesken ausdenke: ‚Du, Florian, wenn ich nicht verheiratet wär'!'

Ich überziehe gerade eine Platte mit Wachs, weil mir das Radieren Spaß zu machen angefangen hat. Und ich stelle mir vor, eine Meerkatzenmusik mit den Schwänzen, wenn sie immer ineinander greifen, müßt' eine gute Wirkung tun und sehr drollig sein, wenn ein alter, richtiger Meerkater machte den Takt. Und so brumme ich denn für mich: ‚Dann wärst du eben ledig, Josef.'

Er lacht in sich. ‚Hast recht. Aber das weiß ich ohne dich. Und ich weiß noch mehr. Ich wüßt' mir nachher eine.'

‚Ist ein Glück, daß die Josefa nicht in der Näh' ist', sagt ich ihm. ‚Und nur eine? Ich wüßt' mir schon gar viele.'

Er wird nicht ungeduldig: ‚Zur Frau, mein' ich, tät' ich mir eine wissen.'

‚Was hast denn von der Wissenschaft? Du hast doch dein Weib, und du hast's gern, wie sie es verdient. Oder ist sie vielleicht nicht brav, die Josefa?'

‚Sehr brav ist sie. Ganz wie eine soll. Zu der Arbeit und zu den Kindern. Und sie kann auch schweigen.'

‚Also, willst ein Türke werden?'

Er schielt mich an: ‚Hätt' was für sich, meinst du! Na, in der Stadt, und gar ihr auf der Akademie, ihr lebt doch so wie die türkischen Heiden.'

‚Oder glaubst du, die Josefa möcht' dir's erlauben. Frag' sie – oder frag' sie lieber nicht. Denn sie könnt' mehr reden, als dir recht wär'.'

Er schüttelt sich vor innerlichem Lachen; ich sehe das wohl, obwohl nicht er und nicht ich eine Miene verziehen: ‚Will ich auch gar nicht. Aber wenn ich jünger wär' und nicht beweibt, ich wüßt' mir eine', und er schlägt sich ausdrücklich auf die rote Hose und klopft seine Pfeife in die Linke aus. Denn sein Weib hat sehr auf Reinlichkeit gehalten.

‚Und – wer ist denn das Wunder?'

‚Ich denk' – die Hanka Jerab möcht' ich nehmen.' Und er

steht auf und streckt sich: ‚Der Wind frischt sich. Wir kriegen gutes Wetter.'

Ich hab' meinen Bruder nicht oft so ausführlich und so in Sätzen reden hören. Und so bleibt mir das. Und dann, ich hab' in meinem Leben nicht an die Hanka Jerab gedacht und konnte sie mir nicht einmal vorstellen. Aber das ist nun einmal so: hörst du, einer hat etwas gekauft, so wunderst und ärgerst du dich, daß du es nicht warst, und wenn du keinen Gedanken hast, wozu du das brauchen tätest. Und einer begehrt etwas, so möchtest du es augenblicklich selber haben. Das ist bei den Kindern so, und das wird bei den Großen nicht anders, und es bleibt das ganze Leben und es ist damit nicht fertig zu werden.

Also, ich sehe nach der Hanka, die eine Bauerntochter ist neben uns. Die Leute sind sich ganz gut gestanden – halbes Lehen ohne alle Schulden – und sie war das einzige Kind. Vielleicht hat das mein Bruder so gemeint; wenn sie nämlich einander geheiratet hätten, so wären die beiden Höfe zusammengekommen und das wär' dann freilich ein Besitz geworden, den man herzeigen kann, freilich nicht das, was er jetzt so unter sich hat. Ich hab' mir's nicht anders denken können; denn sonst war an dem Mädel wahrhaftig nicht mehr, als an jeder, die da bei uns herumlauft.

Sie war sehr schüchtern, oder hat so getan. Auch war sie noch sehr jung. So an die siebzehn herum war sie. Die Augen hat sie immer so gehalten, als suchten sie was auf dem Boden, vielleicht den gestrigen Tag. Nicht einmal bestimmen hätte man können, von welcher Farbe sie gewesen sind, vor den sehr langen, schwarzen Wimpern. Sie war groß und hat sich sehr gut gehalten. Und bei der Arbeit, zum Beispiel, wenn sie einen Schiebkarren mit grünem Futter, das doch sein Gewicht hat, vor sich hergestoßen hat, da hat man gesehen, wie kräftig sie ist und daß sie ganz ohne Fehler gewachsen sein muß und daß ihr die Arbeit Spaß macht. Und vielleicht hat sich mein Bruder das vorgestellt. Denn eine Bäuerin hat nun einmal kein leichtes Leben und viel auf sich.

Aber für mich hat das doch keinen Sinn gehabt. Und ich hab' mir's nicht nehmen lassen: der Bruder hat gewußt, warum er sie mir in die Gedanken gesetzt hat. Denn er hat noch lieber etwas umsonst getan, wie umsonst gesprochen. Und so hab' ich an die Hanka mehr gedacht, als ich für möglich gehalten hätte.

Endlich, was ist so ein Mädel anders, als die anderen? Das redet man sich nur so selber ein. Und dennoch hab' ich einen gewissen Respekt vor ihr gehabt, weil sie mein Bruder mit Achtung angesehen hat. Und so eine Neugierde war doch auch dabei.

Manchmal, wenn ich im Freien gesessen bin und skizziert hab', und sie ist über den Hof, immer gleich, immer eilig und niemals hastend und mit einem Schritt, der sie so aus sich selbst gehoben hat, so kräftig und so voller Schwung war er, hab' ich ihr über den Zaun herüber einen Spaß zugerufen. Ich weiß nicht, vielleicht hat sie ihn gern gehört. Denn sie haben mich für hochmütig gehalten, weil ich mit niemandem gesprochen hab'. Ja, worüber denn auch? Denn ich war in der Zeit, wo einem nichts wichtig ist, nur was sich auf die eigene Kunst bezieht; davon war ich ganz voll und eben über das hab' ich mit meinen Leuten doch nicht gut reden können, und mit dem Herrn Pfarrer auch nicht, und der Schullehrer war überhaupt ein Ochse.

Einmal also sitz' ich da, und sie ist im Krautgarten gewesen, jäten. Da muß man sich bücken und wieder aufrichten: und die ganze Geschmeidigkeit des Körpers kommt zur Geltung, und man konnte so recht sehen, wie voller Ebenmaß sie sein muß. Ich fang' sie zu zeichnen an. Es war ein recht heller Tag, und die Sonne hat auf ihren Haaren geschienen, die sie zu einer Krone geflochten hat und die blond gewesen sind. Das macht einen feinen Effekt, wenn da ein Gold zum andern getan wird, und ich merk's mir.

Es geht recht gut. Wie ich aber fertig bin, so mißfällt mir das Blatt durchaus. Ich nehm's und zerreiß' es. Das klingt schrill, und sie erschrickt davon, sieht aber trotzdem nicht auf.

Das hat mich verdrossen. Warum tut sie so scheu und heilig, denk' ich mir? Sie ist doch gewiß nicht so, sondern anders. Und man wird sie ja doch nicht in die Kirche stellen, weil sie so tut. Und warum versteckt sie sich eigentlich vor mir? ‚Hanka!' ruf' ich.

Sie richtet sich zu ihrer schönen Höhe auf und hält, wegen der Blendung oder in Komödie, die Hand vors Gesicht. Dann kommt sie ohne jede Eile zum Zaun: ‚Was will der Herr Florian?'

‚Tu die Hand weg!' befehl' ich.

Sie tut's. Das Gesicht ist gewöhnlich. Stumpfe Nase; der Mund recht breit; wenig Ausdruck.

‚Und deine Augen darf man nicht sehn?' Und ich bin herrisch und weiß nicht, mit welchem Recht. Nur wer sich für einen Städter hält, der glaubt immer, den Bauern befehlen zu dürfen.

‚Ja, warum denn?' und sie lächelt sehr schüchtern. Aber man sieht dabei, sie hat ganz wunderschöne Zähne.

‚Hast du sie grau, wie eine falsche Katz'? Oder sind sie gar zu klein? Oder warum darf man sie sonst nicht sehn?'

Wieder das Lächeln. Und nun schlägt sie die Augen langsam auf, und ich erstaune. Groß sind sie und blau und sehr schön und voll von einem warmen Licht, ganz von innen heraus. Und das ganze Gesicht ist anders; und es steht eine Seele darin, die nur noch nichts von sich selber weiß. Und nun hör' ich auch erst, wie hübsch und wie sanft sie spricht: ‚Wie sie mir der liebe Gott gegeben hat, so sind sie halt. Und ansehn darf man sie – warum denn nicht, Herr Florian?‘ Und es ist gar keine Befangenheit an ihr.

Sie hat sich nur so, denk’ ich mir. Damit ich mich wunder’, daß sie so ganz ohne Eitelkeit sein soll. Denn sie verblüffen einen und verstehen das von Kindesbeinen und sind überhaupt viel listiger und verstellter, wie wir. ‚Tu nicht so, Hanka, du weißt ganz gut, sie sind schön.‘

Sie senkt sie wieder, und das ist nicht anders wie wenn die Sonne weg ist hinter einer Wolke und die Ebene, die eben noch gelacht hat vor dir und verheißend war in ihrer Farbigkeit, ist grau und traurig und ohne Glanz. Und das verdrießt mich gar sehr und ich werde heftig: ‚Steh mir nicht so da! Ich mag dich nicht sehen, wie die Witwe, die ihren Mann unter der Erde sucht.‘

Kein Wort, woher ich denn das Recht nehme, so mit ihr herumzuschaffen. Sie ist stumpf und dumpf, denk’ ich mir, und dumm überdies, und der Teufel weiß, wo sie ihre Augen her hat. Soll sie sie meinethalben gestohlen haben. Und ich bin ärgerlich über mich und über sie und über meinen Bruder, und es freut mich den Tag gar nichts, und sie geht wieder an ihre Sache und jätet weiter, und wie es ihr schwül wird, so tut sie die Jacke von sich, und ich in meinem Zorn denk’ an eine Kuh, die grast und sich auch hebt und bückt und weiter an nichts denkt und auch schöne und sanfte Augen an sich hat. Aber da steckt doch etwas anderes darinnen, muß ich mir in aller meiner Galligkeit denken.

Das ist so weiter gegangen. Und manchmal hab’ ich das Mädel den ganzen Tag nicht gesehen, wenn auf dem Felde draußen zu tun gewesen ist. Natürlich, dann hat sie mir gefehlt. Denn ein neues Gesicht ist immer eine Auffrischung, und man gewöhnt sich sehr bald daran. Am Sonntag, ehe sie in die Kirche gegangen ist, kommt sie mir auch zum Zaun. Da hat sie sich offenbar in ihrem Staat zeigen wollen, und der hat so etwas Steifes an sich mit den kurzen, rauschenden Röcken über den roten Strümpfen. Scheußlich, kann ich dir sagen, gerade bei ihr. Denn sie hat das Schmiegsame von einer Weidengerte. Also, denk' dir das aus. Aber ich find' mir auch nichts, was sie anziehen sollte.

Sie ist nicht dumm, und sie ist wieder nicht klug. Sie lebt wie eine jede und hat dennoch ein Gefühl, als wäre sie etwas anderes und besseres. Und eine traurige und ernste Stimme hat sie, voll Gutmütigkeit, die man sich nicht zornig denken kann, und ist ganz allein. Und sie sieht sehr gut und richtig und denkt nach, und sie singt gerne. Und dazu hat sie diese Augen, von denen ich dir doch schon gesprochen habe, und ein Lächeln, ganz von innen heraus, ganz merkwürdig. Es wird einem warm dabei, und man möcht' es immer wieder sehen, wie es so schüchtern kommt und um die Lippen spielt und in den Augenwinkeln kleine Fältchen macht, ganz kleine, die gar nicht nach Alter aussehen. Junge Mütter haben sie, wenn sie ihr Erstes recht herzlich vor sich haben. Und ich weiß nicht einmal, ob sie hellauf sein kann und lustig. Und sie ist sehr leicht zum Weinen zu bringen; und wenn ich sie rufe, so kommt sie und sieht sich sehr ernsthaft an, was ich gezeichnet hab', und sie geht, wenn sie glaubt, ich hab' genug von ihr, und es ist etwas ganz Wehrloses an ihr.

Ist sie immer so oder nur bei mir? Man denkt doch über solche Fragen nach. Denn sie ist gesund, und sie kennt keine Launen. Und daß Mädchen in diesen Jahren oftmals nachdenklich werden auch ganz ohne allen Grund, dieses weiß ich. Und sie hört zu, wenn man ihr etwas erzählt, und sie tut, als möchte oder als wollte sie's durchaus verstehen. Und einmal verplaudern wir uns so – denn ich hab' natürlich viel gewußt, was für sie ganz und gar neu gewesen ist – und sie vergißt ans Nachtessen, und die Mutter ruft: Hanka! und noch einmal und schon geärgert: Hanka!, weil sie sehr jähzornig war, und das Mädel geht recht zögernd und das Blut steigt ihr ins Gesicht. Ja, warum wird sie nur rot? Denn wir hatten nichts getan und nicht ein Wort gesprochen, das nicht jeder hätte hören können. Waren ihr nur Gedanken aus sich selbst gekommen? Sie hat sich sehr beherrscht. Und wieder ein andermal, wie ich ihr zum erstenmal die Hand geb', so wird sie mir wieder so rot und läßt sie mir lang, und wie sie dann geht, so hält sie die Hand immer wieder und wie wundernd vor die Augen und versteckt sie in der Schürze, wie sie ihre Mutter trifft.

Das sind so Eigenheiten. Ein jeder hat sie an sich, und man soll nicht an sie rühren, weil man sonst an ihn selber rührt. Und sie kommen bei ihr ganz unversehens und ganz wie notwendig; und man kann sich sehr bald nichts wegdenken von ihr und empfindet sie als eine Abgeschlossene. Das gibt eine sonderbare Beruhigung, mit der man sich freut und von der man immer mehr seinen Anteil haben und genießen möchte. Man gewöhnt sie sich an.

Oder, es ist sehr mild und frühzeitig sommerlich geworden. Und es war ein Abend, wo die Jugend ausschwärmt durch das Dunkel. Und der Mond steigt auf, und mich treibt es um, der ich einsam war und mir keine zweite gewußt hab'. Und da ist ein Wässerlein, und ich hör' der Hanka ihre traurige Stimme. Ganz allein sitzt sie da, verborgen von den alten, sehr verknorrten Weiden, die da zusammen stehn, und sie singt vor sich hin, und zwar nichts, nur Kinderlieder, und ihr Gesicht ist im Schatten, und nur die Augen leuchten vor. Und ich nehme ihre Hand, und sie rückt zu und sie läßt sie mir. Der Mond steigt höher und höher; und es sind Reflexe im dunkeln Wasser, manchmal wie silberne Schüsselchen oder als hätte man lauter weiße, glitzernde und unruhige Schuppen darüber hingestreut, und es atmet manchmal durch die

Nacht, wie ein recht müder und ruhender Mensch aufschnauft, und der Himmel steht sehr hoch und schwarz über uns. Es war uns gar nicht zum Reden; sie singt nur weiter, und ich horche, und uns fröstelt beide mit dem Frost, wovor sich eines beim anderen schützen möchte, und wir fühlen uns sehr einsam, wie wir heimgehen, und überall um uns sind sie zu Paaren…

Dann haben wir uns einmal in einem Buchweizenfeld getroffen. Das hat eben geblüht, und ich hab's probieren wollen, ob das nicht herauszukriegen ist. Das ist gar nicht leicht. Denn seine Farbe ist sehr zart und dennoch bestimmt, und die Stengel haben etwas Starres an sich. Man denkt an Teppichmuster davor. Der Tag war so heiß, und es ging zu Mittag, und kein Mensch war auf den Feldern; aber die Bienen haben geschwärmt in Unzahl und mit dem hastigen und tieferen Summen, wie sie es an sich haben, wenn es bald gewittern will. Und ich sehe sie an, und sie wird rot. Und ich ziehe sie an mich, weil ich muß, ich küsse sie auf den Mund, und sie hält still und tut die Augen zu und atmet sehr tief und sonderbar ruhig, wie eines, das so einschlafen möchte. Dann zuckt sie schmerzhaft zusammen. Und erst wie wir gehen, und von überallher war ein Mittagsläuten und verwebt sich mit dem vielen Gesumm um uns, erst da merk' ich: ihre Hand schwillt an. Eine Biene hat sie darein gestochen, und sie hat keinen Mucker getan, trotz des Schmerzes. So eigen war sie aber in allem, meine Hanka, in allem, kann ich dir sagen.

Dann hat sie sich mir gegeben. Ohne daß wir einmal davon gesprochen haben, wir hätten uns lieb oder wie das einmal mit uns werden will. Es war eben ihre Zeit gekommen, und der Mann war da, zu dem sie gehört hat. Und wir waren miteinander sehr glücklich und haben Monate gehabt, wie man sie nicht oft erlebt, wenn einem auf der Welt auch alles Glück beschieden und vergönnt ist. Denn wir waren sehr jung, und wir haben einander sehr gern und immer lieber gehabt.

Und sie war vollkommen ohne Wunsch. Nicht einmal gewußt hat sie, was sie sich verlangen soll, wenn ich einmal angefangen hab', ich möcht' ihr was schenken. Mit mir aber ist es täglich anders geworden. Denn der Künstler ist in mir aufgewacht mit seiner ganzen, großen und nicht zu bändigenden Sehnsucht. Ich habe eine Geliebte gehabt, wie man sie sich nur wünschen kann. Voll Hingebung und Güte und Bescheidenheit, immer zärtlich nach ihrer Art. Aber mir ist das nicht genug gewesen und immer minder erschienen. Denn ich habe immer sicherer geglaubt, sie ist das, was ich brauche, wenn ich in meiner Kunst der werden soll, der ich sein könnte.

Und nun war sie in aller ihrer Liebe und Hingebung von einer Schamhaftigkeit und Keuschheit, die sich nicht besagen läßt. Durchaus Weib und dennoch ein Mädchen voll ängstlichen Schämens.

Wie ich ihr zuerst erklärt hab', was ich von ihr wollen möchte, da ist sie ganz rot geworden, hat mir den Mund zugehalten, so ganz allein wie wir waren, und mit dem Kopf hat sie geschüttelt, ohne allen Zorn, aber so, daß ich gesehen habe, das kränkt sie im innersten Herzen.

Überhaupt, was lieben wir am Weib am meisten? Was reizt uns? Seine Schamhaftigkeit. Und eben das zerstören wir sonst durch unsere Liebe. Hier ist es geblieben. Und dennoch hab' ich's immer wieder probiert, und immer ohne Erfolg. Und weil ich gemeint hab', sie müßte mich doch endlich verstehen lernen und daß es nicht Neugierde ist, sondern etwas Höheres, daß es um mich selber geht und um meine ganze Kunst, so hat das mich geärgert, und ich hab' von Eigensinn gesprochen und von Bauerndummheit, die nichts versteht, was weiter reicht, als die eigene Nase; bei ihr also schon gar nicht weit.

Sie hat mich schelten lassen, ohne ein Wort der Entgegnung. Überhaupt, sie war nicht zornig zu machen. Und das hat mich auch geärgert, und ich hab's für Stumpfheit genommen. Nur etwas Ängstliches hat sie dabei in den Augen gehabt, so wie es nämlich Kinder haben, wenn sie etwas schlecht machen und verfehlen, und sie wissen nicht wieso und fürchten sich, sie werden es das nächste Mal wieder versehen.

Aber los können hab' ich nicht mehr von ihr. Ich hab' es nicht einmal gewünscht oder daran gedacht. Und man hat so manchmal ein Gefühl, als wär' ein Mensch ein Schicksal für einen, und das ist dann immer richtig, und wir sollen nur nicht klüger sein wollen als das, was da aus uns spricht, und es nehmen, wie es ist und mit einer geheimen Stimme flüstert in uns, oder wir zerreißen die Fäden, mit denen uns vielleicht unser gutes Glück umspinnen, einfangen und an eben dieser gewissen Stelle festhalten wollte. Sagen, wie das ist, läßt sich das durchaus nicht. Das muß man spüren und bescheiden hinnehmen.

Je weniger die Hanka sonst aber zu wünschen übriggelassen hat, desto mehr hat mich dieses eine Verlangen gemartert und gepeinigt. Ich habe sie damit drangsaliert, und jede gute Stunde, die man hätte genießen können, hab' ich uns zerstört. Ohne jeden Nutzen. Ich habe geschmollt und bin ihr ausgewichen. Sie war sehr traurig und hilflos. Ich habe sie gerufen, und sie ist wieder gekommen – gottlob und leider Gottes ganz die alte. Und ich hab' mir gedacht, sie wird mich begreifen, sie muß es und aus freien Stücken überdies, sonst ist es nichts; und vor diesem Gedanken, der nicht wirklich werden will, bin ich immer stützIger und zerfahrener geworden.

Dann hab' ich mir gedacht: gewöhnt man einander, ist man erst immer zusammen, so wird das ganz natürlich und ohne vieles Reden anders. Und weil ich sie doch von ganzem

Herzen geliebt hab', und weil man sich sonst wahrhaftig kein besser Weib wünschen oder ersinnen konnte, und weil ich gespürt hab', alles in mir ist nicht für die Stadt, vielmehr fürs Dorf und nur da kann ich was Rechtes und aus mir heraus werden, und weil man da eine braucht, die hieher gehört und über alles Bescheid weiß, und keine Städterin, die sich immer verbannt fühlen möchte und als das Opferlamm, und weil man alt genug dafür war und keine Sorgen zu fürchten hatte, so hab' ich sie halt gefragt, ob sie mich heiraten möchte. Sie hat mit dem Kopf geschüttelt: ‚Florian, tu's lieber nicht! Es wär' ein Unglück!'

‚Und warum denn, Hanka?'

‚Kann ich nicht sagen, Florian. Aber mir kommt es so vor.'

‚Ach was', und ich zucke die Achseln, ‚das ist nur so geredet. Oder hast mich nicht lieb?'

Sie gibt keine Antwort. Nur angesehen hat sie mich sehr tief mit ihren schönen Augen, und ihr sind darin die Tränen gestanden. Und sie nickt und hascht meine Hand und küßt sie: ‚Du darfst nicht glauben, ich hab' nicht oft und oft selber daran gedacht. Und ich dank' dir sehr, daß du mir gesprochen hast davon. Gar sehr freut es mich, daß du damit gekommen bist. Aber immer, wenn ich mir's vorgestellt hab', so hat es mir einen Stich gegeben in mir. Das darf nicht sein. So bin ich gut für dich. Und so kann dich keine lieber haben, wie ich. Aber anders wär's nicht gut. Ich bin zu dumm und zu eigensinnig für dich.'

‚Zu eigensinnig? Du, Hanka?' Und ich muß lachen.

Sie nickt sehr ernsthaft mit dem Kopf und fingert: ‚Nämlich, du kennst mich nur noch nicht recht, Florian.'

‚So, kenn ich dich nicht?' Und ich will sie an mich ziehn.

Sie wehrt sich und zählt her: ‚Sehr eigensinnig bin ich, Florian. Frag' nur die Mutter. Und mir will nichts leicht in den Kopf – frag' den Herrn Lehrer, was ich mich gemartert hab' in der Schule. Und ich bin verstockt – dies weiß der Herr Katechet; denn ich begreife nicht einmal, daß ich mich versündigt hab'. Und was einmal in meinem Kopf drinnen ist, das will gar nie mehr heraus, und es nützt kein Reden.'...

,Und sonst bist du nichts?' Und ich küsse sie herzlich und übermütig.

,Sonst weiß ich nix.'

Mein Bruder, wie ich's ihm erzählt hab', war sehr glücklich. Denn er hat das immer gewünscht, weil er gesehen hat, ich komme kaum mehr fort von zu Haus, und weil er mich und sie gerne gehabt hat. Und eigentlich hat er sich's niemals anders vorgestellt. Und ihre Eltern haben natürlich auch nichts dagegen gehabt, und zum Herbst haben wir eine große Hochzeit gemacht, und gleich darauf ist die Hanka, wie sich's gehört, mit ihrer Mutter wallfahrten und bitten gegangen.

Während sie fort waren, hab' ich allerhand angeordnet an unserer Einrichtung. Sie war, wie sonst bei Bauersleuten; nur für viel Licht hab' ich gesorgt, und was mir nicht gefallen hat, weil es den Raum vermufft oder nicht hübsch ist, das ist eben weggeblieben und anderes dazugekommen. Sehr wohl, sehr heimelig und freundlich hat's ausgesehen bei uns. Ein jeder, der gekommen ist, hat den Unterschied gemerkt, und keiner konnte sagen, worin er eigentlich war.

Und wie sie zurückgekommen ist, so hat sie freilich gestaunt. Aber sehr gefallen hat es ihr auch, und sie hat sich zu Haus gefühlt und zurecht gefunden, sowie sie ihren Rosenkranz beim Weihbrunnkesselchen an der Türe aufgehangen hat, und fängt mit einer ordentlichen Lust zu wirtschaften an. Und das hat sie verstanden, wie eine, ganz ohne Wesen und ohne Lärm. Niemals konnte sie müßig sein, und immer war sie ohne Eilfertigkeit. Und überaus sauber auf sich und auf alles war sie, und ich habe kaum verstanden, wie man in einem Hausstand gar so wenig Geld verbrauchen kann.

Ganz besonders war dieses merkwürdig an ihr, wie nämlich die Tiere an ihr gehangen sind. Da war mein Spitz, den ich doch schon lange genug gehabt hab', noch dazu, wo wir zwei allein zusammen in den Beskiden gewesen waren, daß er, klug wie er ist, sich hätte merken können, zu wem daß er eigentlich gehört. Der ist ihr nicht von der Seite; überallhin ist er ihr nachgelaufen und hat gebettelt, damit sie ihm schöntut.

Es hat ja auch Verdruß gegeben. Wo denn nicht, wenn man miteinander leben muß? Aber er hat sich niemals gehalten. Immer hat sie eingelenkt, so geschickt, daß man nicht schmollen konnte; und sie hat sich wohl gedacht: er ist kurios, gut! Aber er ist halt von einem andern Geschäft, das ich nicht so ganz versteh', und er hat Raupen im Kopf, die man nicht stören soll. Denn es werden vielleicht über eine Zeit schöne Schmetterlinge daraus.

Hat sie Zeit gehabt, so hat sie mir gern zugesehen, wenn ich gezeichnet hab' oder radiert. Denn ich hab' immer neues probiert, weil nur der eine Kunst kann, der mindestens Bescheid weiß in allem, was zu ihr gehört. Und weil ich zufriedener war, wie nicht seit langem, weil mir das neue Wesen um mich Spaß gemacht hat und ich froh war, endlich einen Menschen um mich zu haben, der zu mir gehört und sich um alles kümmern muß, was mich angeht, so ist mir manches besser geraten, und mir war recht wohl. Einmal frag' ich sie: ‚Möchtest mir denn nicht helfen, Hanka?'

‚Möcht' ich! Sehr gern', ganz hastig. ‚Aber, ich kann's doch nicht.'

‚Könntest du schon.' Und ich seh sie eigen an. Sie wird rot und betrübt und läuft aus dem Zimmer, und ich hab' ihr wieder eine Zeit Ruhe gegeben, weil ich erkannt habe, sie will durchaus nichts davon wissen.

Ich bin gern auf die Jagd gegangen. Es ist mir nicht ums Schießen gegangen, trotz meiner sehr sicheren Hand. Aber mir hat das Herumsteigen in den lettigen Feldern[15] Spaß gemacht; und die Nebelstimmungen, die alles so verzerren und anschwellen lassen, hab' ich gern gehabt. Und nach Reden hat es uns beide nicht viel verlangt. Sie hat doch ihre Eltern und ihre Verwandten gehabt und ich ganz in mir meine Gedanken und meine Pläne, und ich hätt' niemals geglaubt, ich könnt' noch einmal so allein werden, wie ich bin und bleiben muß." Er brach ab. Und es war eine große Müdigkeit an ihm, und es zuckte in seinem Gesicht.

Ich fuhr auf: „Du erregst dich zu sehr, Petersilka."

Er nickte: „Gar sehr tu' ich's. Aber das macht nichts mehr. Jetzt geht's zum Ende. Und man will's hinter sich haben, hat man einmal angefangen davon." Und ganz tonlos fuhr er fort:

„Also – sie hatte ein Auge, so richtig, wie keines. Verstanden hat sie ja nichts von den Sachen. Woher und wie denn? Die Heiligenbildchen, die der Herr Katechet schenkt, sind keine richtige Vorschule. Das muß man ja doch auch lernen von allem Anbeginn. Aber ob eine Linie gezogen war, wie sie sein soll und wie sie in der Natur ist, da hat man auf sie schwören können. Ich hab' mich manchmal geärgert, und immer wieder hab' ich hernach gesehen: sie hat recht, und mich hat mein Gedächtnis eben für einen Narren gehabt.

Es ist auch geschehen, wenn mir etwas nicht zusammengegangen ist und ich hab' mich recht unwirsch aufgeführt in meinem Zorn, weil man doch zwingen möchte, auch was schwer ist, daß sie das Richtige getroffen hat, wie es zu machen wäre, mit einem einzigen Wort, nur weil sie unbefangen war. Oder daß sie sich schon gar keinen Rat gewußt hat und sie hat geseufzt: ‚Florian, du mußt mir ja Kopfweh kriegen vom Denken! Florian, wenn ich dir helfen könnt'.'

Es fährt wieder aus mir heraus: ‚Du willst doch nicht, Hanka!'

Sie wird sehr traurig und zuckt zusammen, weil sie es erkennt, wie fest der Gedanke steckt in mir und daß ich immer wieder darauf komme. Sie entgegnet kein Wort, geht zu ihrer Arbeit und kommt Tage nicht zu meiner.

Dieses hätte sie nicht tun sollen. Denn das war nur geredet, und mit Liebe hätte sie's vielleicht dem bösen Gedanken abgewonnen, der immer stärker in mir zu wühlen und zu graben angefangen hat.

Ohnedies, das weißt du ja, der Winter ist eine schlimme Zeit für einen Künstler. Denn er braucht viel Licht und kann nicht arbeiten ohne das. Weiß er schon, was er will, so macht ihm das nichts. Denn was man eigentlich getroffen hat, das wird einem wieder geraten, und Pausen müssen immer und überall sein.

Wenn man aber das Gefühl hat, man ist noch nicht darauf gekommen, was man eigentlich könnte, so ist das sehr bös und traurig. Denn von überall her erwartet man sich die Offenbarung und wird unwillig und voll Zorn gegen sich und alles, wenn sie nicht kommt. Und sie läßt sich einmal mit keinen Mitteln zwingen, und ich hab' mir oft gedacht, späterhin, wie alles vorüber war: das ist wie damals, wo Moses in seinem Groll und in seinem Zweifel gegen die Felsen geschlagen hat, es kommen die Haderwasser, von denen wir in der Theologie gelernt haben, und wer von ihnen trinkt, der muß des Todes sterben.

An jeden Einfall klammert man sich, ob er einem nicht weiterhelfen könnte. Und wovon ich mir viel versprochen habe, wie eine Offenbarung, dies habe ich dir schon gesagt. Und so bin ich immer wieder darauf gekommen, nachdem man einmal davon angefangen hat. Gänzlich unvernünftig ist mir mein Weib vorgekommen. Ich hab' über sie gespottet und hab' sie gequält, und sie hat sich alles gefallen lassen und sich nicht mit einem Wort zu wehren gewußt. Aber nachgegeben hat sie mir auch nicht, und ich hab' verstanden, was sie damals mit ihrem Eigensinn gemeint hat. Nur sehr oft war sie in Tränen. Die haben mich aber nur geärgert, denn das war zu nichts, rein zu nichts und verleidet einem nur das Leben, das mich so schon gar nicht sehr gefreut hat.

Und überdies ist mir eine neue Angst gekommen und hat mich sehr gequält und aufgeregt.

Nämlich, solang wir als ledige Leute einander lieb gehabt haben, so hab' ich mich niemals geängstigt, es könnte was werden. Sie hat es auch nicht getan, oder hat es mindestens nicht gezeigt. Vielleicht aus Frömmigkeit, weil doch nichts geschieht, was nicht sein soll, und soll etwas geschehen, so nützt wieder kein Sorgen.

Jetzt aber hätte man damit rechnen müssen. Ja, man hat sich's im Grunde sehr gewünscht. Denn für die Dauer allein bleiben wollte man nicht. Wenn uns aber Gott nun ein Kind beschert? Es war mindestens möglich, daß... Ja, wie soll man das nur sagen? Aber weißt du, es ist schon manche Frauenschönheit darüber verloren gegangen. Immer wird sie doch wenigstens für eine Zeit gestört, und manchmal geht sie doch auch für immer weg. Und diese war mir unersetzlich, und daß sie verschwinden soll, ohne daß mir ein Abbild bleibt von ihr, dieses hat sehr an mir gefressen, und es war wie ein übles Wollen und eine böse Absicht, die ich mir um sie doch gewiß nicht verdient hab', von meiner Frau.

Und dazu darf man von dem allen nicht einmal reden. Denn im Grunde fühlt man doch, wie roh das ist und wie schlecht, und kann nichts dagegen tun.

Es ist erst nur ein Wunsch gewesen. Und dann ist es in mir zum Begehren aufgewachsen, auf das man sich mehr und mehr verbeißt und vertrotzt und das gestillt werden muß, oder man geht zugrunde daran. Daß es vielleicht auch ein anderer Mensch ist, um den es geht, dieses fällt mir nicht ein.

Denn man denkt an niemanden, nur an sich selbst und an das, was man für sich notwendig glaubt, wenn man erst an so etwas erkrankt ist. Und es ist wie ein Zwang über allen Gedanken, daß man sie von diesem einen nicht wenden kann und daß keine Ablenkung nützt. Und wie eine schwere Lähmung liegt es über allem Tun.

Und so bin ich denn immer launenhafter geworden. Und ich hab' sie schief angesehen und habe spitzige Worte für sie gehabt für ihre Teilnahme. Zum Beispiel, wenn sie mich gefragt hat, warum mich die Arbeit nicht mehr freut und ob ich nicht lieber eine Zeit verreisen möchte. Denn wir hatten Bestellungen genug, und sie trugen schön.

Alles Mögliche hat sie getan, damit ich in gute Laune komme. Sehr lieb und herzlich war sie zu mir, und weil man spürt, man verdient das eigentlich doch nicht, so beruhigt man sich, indem man die Schuld auf das andere schiebt und sich denkt: aha, das schlechte Gewissen! Deshalb ist sie so zu dir.

Überhaupt, will ein Mensch dem Nebenmenschen eine Freude machen, so ist das immer einfach und man strengt sich nicht sehr an. Da will man die Absicht erraten haben und die Gesinnung. Will er ihn aber quälen, dann hat man Einfälle, ganz erstaunliche Einfälle, und man gibt sich Mühe, und man wird ordentlich sinnreich und voll von Erfindungen. Das ist merkwürdig, und man darf darüber nachdenken, wie eigentlich die Natur des Menschen geht.

Das war wie ein Kampf zwischen uns. Und mich hat es gefreut, daß sie darunter leidet und sich den Kopf zerbricht, warum denn das zwischen uns so geworden ist und in so kurzer Zeit. Viel gebetet hat sie, und aus sich heraus ist sie traurig geworden.

Und dann kommt ein Tag, und ich denk' ihn wie heute, und ich werde ihn nie vergessen."

Er sann nach, und seine Augen waren offen und schimmernd.

„Die Tage sind länger geworden. Denn es war nach Mariä Lichtmeß. Ein strenger Frost; viel Schnee ist gelegen, und es war ein sehr kurzes, aber ein sehr kräftiges und günstiges Licht.

Ich bin sehr verdrossen am Fenster gesessen und stiere hinaus auf das flache Land und auf das große Glitzern, das in der Welt ist. Denn von jedem Schneehaufen und von jedem überschneiten Dach ist es ausgegangen, weil der Schnee trocken war und nicht geballt, mit einer großen und hellen Klarheit. Und die Häuser sind niedriger erschienen wie sonst, und die Ebene war sehr weit und übersonnt und die Berge näher und blendend, und alles war grell, daß es dem Auge wehe tut.

Ich hab' meine Pfeife geraucht. Und einmal hab' ich ein Zeichenblatt gespannt und mich dabei geärgert, weil mich eben alles verdrossen hat. Dann hab' ich mir eine große grundierte Leinwand angesehen, die da mit allem Zubehör hergerichtet war. Wozu denn aber? Ja, ich hätt' schon gewußt, was mir da darauf soll. Aber dafür bestand keine Aussicht.

Und ich hör', wie die Tür hinter mir geht, und ich rühre mich nicht in meiner Beschäftigkeit. Denn sie soll und darf nicht merken, daß mir etwas daran liegt, ob sie kommt oder nicht. Und am Eingang bleibt sie stehen, und sie atmet schwerer wie sonst. Und den Spitz jagt sie hinaus, ganz unwirsch, und der winselt mir dann vor der Türe. Und dann erschrecke ich ganz plötzlich; denn ich höre, sie dreht den Schlüssel in der Türe um. Das quietscht. Einmal; zweimal. Und dann probiert sie – vorsichtig und doch mit starkem Rucker... Sie hält...

Und ich tu' ihr einen Schritt entgegen – denn das kann nur eines bedeuten. ‚Hanka?' Und es ist eine große Freude in mir, so groß, daß ich nicht merke, wie sehr traurig und ganz verstört sie ist.

Sie nickt: ‚Ja. Wie soll ich mich setzen, Florian?'

Ich will sie an mich ziehn, sie küssen. Sie bleibt stumm und steif. Und ohne ein Wort zu reden, ganz geschäftsmäßig, zieht sie sich aus, Stück für Stück, und nimmt den Platz an, welchen ich bestimme.

Den Kopf von sich selber weggewendet, die Augen geschlossen, damit sie nichts sehen muß, sitzt sie. Und manchmal kommen ihr Tränen, und sie läßt sie rinnen, und ich merke nicht darauf oder mache nur einen dummen Spaß, wie man ihn eben macht, damit man was geredet hat.

Und es ist ein Fieber zur Arbeit in mir. Und ich ganz Aug' und nur Aug' und denk' an nichts, nur: da sitzt ein Modell vor dir von einer unerhörten Vollkommenheit, ganz so tadellos in Bau und Linien, wie man sich's nur wünschen und wie es einen Künstler berühmt machen kann.

Und daß dieses Modell ein Weib ist, mein eigenes Weib, welches ich sonst von Herzen lieb habe und welches darunter leidet, dies vergesse ich ganz. Ist dies Grausamkeit? Und ich merke, wie ich wachse; und jede Linie glückt und sitzt, und das Ganze hebt sich immer schöner und immer lebendiger, und ich kann, was ich will, worauf ich gehofft mit allem Zweifel habe, und ein doppelter Triumph ist in mir.

Gar keine Müdigkeit kommt über mich. Denn solang wir einander kennen und haben, es ist doch wieder ganz eine Fremde, die da vor mir sitzt. Immer wieder will sie zusammenschauern und sich ducken in sich selber. Das ist ein Reiz mehr. Und ich merke endlich doch, daß ihr der Kopf auf die Schulter sinkt und sie kann sich nicht mehr zwingen, bei all ihrem Willen.

‚Es ist genug, Hanka.'

Sie steht auf und sieht sich ganz hilflos um. Und ich wende

mich, weil ich sie nun, wo der Rausch vorbei ist, zu verstehen anfange und sie mir innerlich leidtut. Und wie sie sich anzieht, Stück für Stück, und mir immer vertrauter wird, so bin ich sehr zärtlich zu ihr und mache tausend Dummheiten. Sie geht nicht darauf ein; sie leidet's eben nur: ‚Es war Sünde, Florian!'

Ich muß lachen: ‚Aber, Hanka! Warum hat dich dann Gott so erschaffen?'

Sie schüttelt den Kopf: ‚Ich weiß, es war Sünde. Denn was einer so in sich spürt, das soll er nicht tun.'

‚So geh beichten, Hanka! Und der Herr Pfarrer wird dir schon Bescheid geben.'

Sie erschrickt ordentlich: ‚Noch einer soll es wissen?' und sie tut auf. Der Hund springt an ihr empor, ganz närrisch vor Freude. Sie streichelt ihn; aber nur so aus der Gewohnheit und ganz verloren.

Das wird sich schon geben, denk' ich mir. Ich bin wirklich fröhlich und sehe nicht ein, warum ich das denn verstecken soll, und verletze sie wieder damit. Und zu Mittag, wie wir zu Tisch sitzen und ich sehe sie an mit lustigen Augen, so wird sie ganz rot und tastet an sich herum voll Ängstlichkeit.

Ich bin in die Stadt gefahren. Denn ich war übermütig, wie nicht mehr, seit ich von der Schule war. Ins Kaffeehaus bin ich gegangen – das am Marktplatz, im ersten Stock, wohin wir uns nicht getraut haben, wegen der Professoren – und hab' Billard gespielt und ein Loch in das grüne Tuch gerissen und hab' zum Schaden auch noch gelacht, daß der Kellner geglaubt hat, ich bin betrunken oder närrisch. Und beim Spielen hab' ich zugesehen, und würdigen Tarokgelehrten, die jeden Stich wissen und bereden, wie es sie nur in einer kleinen Stadt gibt, hab' ich gute Ratschläge gegeben, daß sie gern grob geworden wären und sich's nur nicht trauten, und mit jedem, den ich sonst nicht einmal angesehen, hab' ich mich reden gestellt, ganz vertraulich und hab' mich dennoch in mir über ihn lustig gemacht, wie ein richtiger Hansnarr und Lappenwurstel, der meint, entweder die Welt ist zu seinem Spaß oder er ist zum Spaß für die Welt da. Und zum Goldschmied Feiwel Grünspan bin ich gegangen. Da hab' ich einmal eine goldene Kette gesehen, Venediger und alte Arbeit, sehr zart und schmiegsam die Glieder, und wunderschöne, blutrote Korallen dazwischen und am Schluß ein prächtiges Horn gegen den bösen Blick. Der Esel hat nicht gewußt, was er da hat, und dennoch war sie mir einmal zu teuer gewesen. Heut' hab ich sie für mein Weib gekauft und mir gedacht, wie schön sie sich auf ihr ausnehmen wird. Ganz heiß ist mir dabei geworden, und ich hab' ihm das Geld nur so hingeschmissen.

Und im Heimfahren ist mir der Wind entgegengesaust, und ich hab' lachen müssen und an mein angefangenes Bild denken und an meine Kollegen von der Schule, die jeder seither schon seine paar Quadratmeilen gute und unschuldige Leinewand, aus der man nützliche Kornsäcke hätte nähen können, mit sündhaften und unnützen Farben verschmiert hatten, und was sie für ein blödes Gesicht dazu schneiden werden. Gucken und gucken um einen Fehler, und es ist nicht der mindeste! Das gibt erst den rechten Spaß und den wahren Erfolg. Und so ein Gefühl von Kraft ist in mir. Nur zweimal hat es der Mensch so in seinem ganzen Leben: wenn sich ihm das erste Weib und das erste Kunstwerk ganz ergibt, ganz und aus freien Stücken.

Ich geb' ihr mein Geschenk. Und sie dankt. Aber, es war ein Unterschied gegen sonst. Denn sonst, wenn man ihr unerwartet eine Freude gemacht hat, so war sie immer wieder wirklich überrascht, so daß es ihr die Rede verschlagen hat. Ganz innerlich hat sie sich vergnügt, und das Wort hat ihr gefehlt. Nur meine Hand hat sie immer wieder gestreichelt, und in den Augen war das gewisse Sonnenlicht, das ich so sehr geliebt habe und vor dem Stube und Herz warm geworden sind und das nun für immer erloschen sein muß.

Das war diesmal nicht. Sie hat die Kette angesehen und hat gestaunt über die Schönheit der Arbeit und über ihre Kostbarkeit und hat sie so gewiß ängstlich in der Hand gewogen. Aber sie ist nicht warm geworden und hat sie weggeräumt zu ihren anderen Schmucksachen. Nämlich, getragen hat sie fast nie etwas öfter wie einmal, das man ihr geschenkt hat, nämlich den nächsten Sonntag. Aufgehoben hat sie sich's, wie so ein heimliches Hamsterchen, aber betrachtet hat sie's immer wieder und damit sehr vergnügt gespielt. Diesmal nicht.

Mich hat das ein wenig geärgert, wie Undank oder wenigstens wie Unerkenntlichkeit für guten Willen. Denn daß ich sie bezahlen will, dies kann sie unmöglich geglaubt haben. Aber, meine Stimmung lass' ich mir nicht verderben, und am End' – warum soll sie nicht auch ihre Launen haben, wenn ich sie habe?

Den nächsten Tag kommt sie wieder. Und so Tag um Tag, nur nicht am Sonntag. Und sie klagt nicht mehr über Müdigkeit, sondern hält aus, wie lang man nur will. Nur essen tut sie nichts in der Zeit und ist furchtbar schreckhaft bei jedem Mannsbild, das ihr begegnet und das sie anspricht. Und alles muß man ihr nur einmal sagen, und sie vergißt es nie mehr. Und ich Esel freu' mich noch über ihren Eifer und denk' mir: sie sieht auch ein, daß ich nichts Müßiges oder Sinnloses von ihr begehrt hab'; sie gewöhnt sich schon, und das übrige wird sich geben, und über eine Zeit weiß sie gar nichts mehr davon.

Das Bild aber ist mir gerückt, wie ich's nicht für möglich gehalten hätt'. Immer schöner und meisterlicher. Du mußt nicht glauben, ich hab' den Größenwahn, und ich tu' mich da groß mit etwas, was keiner sehen soll. Aber, man hat doch manches gesehen und verglichen, vorher und nachher, und hat über sich selber ein Urteil. Und da war alles: Farbe und Leben und eine solche Sicherheit, die gar nicht sucht, sondern niemals irrt und immer das Richtige trifft. Und wie ein Gottesdienst waren mir diese Stunden, wie ich ihn einmal gekannt hab', noch ein Bube, noch ehe mich meine Mutter hat geistlich lernen lassen wollen, wo man ganz erfüllt ist von seiner Andacht und seinen Gott ganz in sich spürt und ihn atmet und nichts denken kann, nur ihn.

Gedanken und Sorgen gemacht hat mir eigentlich nur der Kopf. Nämlich, er war mir so, wie er war, zu gewöhnlich für den Körper. Einen anderen aber nehmen? Ja, woher? Und ich hab' mit der Zeit begriffen, sie ist vollkommen, ganz so, wie sie ist und organisch und nicht anders zu denken, und wer etwas zutut oder ändert, der lügt und fälscht nur und verdirbt. Und immer lieber ist sie mir geworden in diesem letzten Opfer, das sie mir bringt, und ich hab' wohl gesehen, wie sie leidet, und hab' mir geschworen, sie soll niemals mehr eine schlimme Stunde haben durch mich, und habe mich nach Kräften getummelt, als jagte mich wer, nur damit wir es bald hinter uns haben.

Und so wird man fertig. Und einmal, wie sie so ganz verloren da sitzt, so schleich' ich mich hinter sie und geb' ihr einen Kuß auf den Nacken. Sie verfärbt sich und fährt auf. ‚Erschrick mir nur nicht wieder, Hanka, mein Seelchen! Ich brauch' dich nicht mehr.'

‚Wieso?' – ganz atemlos und in Spannung.

‚Wir sind fertig. Und ich brauch' dich wirklich nicht mehr.'

Das war ein böses Wort. Eins von der Art, auf der ein Teufel sitzt. Man spricht es aus und denkt sich gar nicht dabei, wie es der andere nehmen und fassen wird. In ihr hat's Wurzeln geschlagen. ‚Ja, du brauchst mich nicht mehr', sagt sie ernst und traurig und richtet sich zusammen.

Ich merke wohl, sie ist aus dem Gleichgewicht. Aber das findet eine gesunde Person schon wieder. Und weil ich selber guter Dinge bin und meiner Sorge ledig wie meiner Plage, so nehme ich mir alle Mühe mit ihr; und wenn sie's schon nicht wird gewöhnen können, so wird sie doch stolz sein auf meinen Erfolg, den ich doch ohne sie durchaus nicht hätte gewinnen können. Und ich merke dabei auch, es ist etwas Fremdes zwischen mir und meinem Weib. Sie muß sich zwingen, auch nur herzlich zu erscheinen. Und derweil trocknet das Bild. Und ich schreibe dem Rahmenmacher nach Wien Maße und lege genaue Angaben und eine Zeichnung bei, und meld' es bei der Kommission und bin meiner und meines großen Erfolges so sicher, daß ich nichts von dem sehe, was neben mir sich vorbereitet.

Also, die Kiste wird gebracht; ich mache meinen Spaß: ‚Hanka, komme und hilf mir. Wir packen dich ein.'

Sie sieht mich an, ganz ohne Fassung und ohne Glauben an das, was ich sage: ‚Ja, wozu denn, Florian?'

‚Ja, ich will's doch ausstellen, Hanka!'

Sie streicht sich mit der Hand über die Stirn, als hafte da was, das sie wegbringen muß: ‚Mich willst du ausstellen, Florian?'

Das gibt nun eine wunderliche Konfusion, denk' ich mir. Sie kann sich nicht unterscheiden von dem, was ich von ihr gemalt hab'. Also nehm' ich sie bei der Hand und sag' sehr voller Güte, wie man einem Kinde zuspricht: ‚Dich nicht, Hanka! Nur dieses Bild!'

‚Ja, und was heißt das, ausstellen?'

‚Ja, das geht nun nach Wien. Und dort wird man's rahmen, wie es sich gehört, damit es seine richtige Wirkung tut, und es gut, im richtigen Licht, aufhängen hoff' ich. Und viele Leute werden kommen, auch welche darunter, die was verstehen, und werden sich damit freuen und sagen: das ist ein großer

Künstler, der das gemalt hat, und ich bin berühmt, und du bist es auch als mein Weib.‘

‚Und so‘, sie deutet mit dem Finger nach dem Bild, ‚so sollen mich die Leute sehen?‘ Und sie wird glührot und blaß: ‚Tu mir das nicht an, Florian.‘

‚Ja, warum denn nicht, Hanka? Sei nicht kindisch!‘

‚Weil – ich hab’ mich nun schon so lang gefreut, ich könnt’ einmal mit dir nach Wien. Nur auf ein paar Tage, Florian!‘

‚Das wollen wir doch, Hanka. Und man wird dir Ehren erweisen genug.‘

‚Mir Ehren? Einer, die man so gemalt hat, Ehren? Und müßt’ ich nicht vergehen vor Scham vor jedem, von dem ich denk’, er hat mich so gesehen?‘

‚Aber, Hanka, ich bitt’ dich! Wer wird sich so quälen?‘

‚Ich bin dumm. Weiß ich. Zu dumm für dich.’ Und ich merk’, es kommt ihr ein neuer Gedanke. ‚Und was wird hernach aus mir?‘

‚Hernach? Kann sein, es gefällt einem das Bild so, daß er es kauft, und er gibt uns ein Stück Geld dafür, so groß, daß man den schönsten Bauernhof darum kriegt.‘

‚Und du möchtest mich hergeben, Florian?‘

‚Ja, warum denn nicht?‘

‚Einem fremden Mannsbild? Damit er’s in sein Zimmer hängt, in welches es ihm paßt und mich ansieht, wenn und wie es ihm beliebt?‘

‚Das kann dir vollkommen gleichgültig sein‘, lach’ ich.

‚Es ist mir’s aber nicht. Als müßt’ ich das immer spüren, so ist’s mir.‘

‚Hanka!‘

‚Es steht aber auch etwas im Katechismus‘, meint sie sehr ernsthaft. ‚Und sogar von den Gedanken, mit denen man einen ansieht.‘

‚Im Katechismus? So laß es drinnen und hilf mir.‘

‚Florian!‘ bettelt sie. ‚Florian, schick’ mir das Bild nicht weg!‘

‚Ach was!‘ Und ich denk’ mir, im Guten wird das nichts, ich muß wohl Ernst machen! ‚Das ist dummes Zeug. Und ich mag darum nicht meine ganze Zukunft aufs Spiel setzen.‘

‚Es ist uns auch so gut gegangen, Florian! Und sehr gern haben wir einander gehabt.‘

‚Werden wir wieder, Hanka! Bis du ruhiger geworden bist.‘

Sie zweifelt: ‚Könntest du? Könntest du wirklich?‘

Es ist etwas Grausames in jedem Menschen und ganz und gar in jedem Künstler. Und das rührt sich in mir und verstockt mich, obwohl ich sehe, wie sie leidet. Und ich nehme das Bild, wie es ist, im Blindrahmen und heb’ es sehr vorsichtig und tu’ es ohne Antwort in die Kiste.

Sie spricht nichts mehr. Sie hilft mit. Sie schlägt selber die Nägel ein. Gott allein weiß und soll mir’s verzeihen, mit welchen Gedanken. Sie malt in ihrer großen, steifen Druckschrift die Adresse. Das hat sie immer gern getan, sich wohl allerhand dabei gedacht und geglaubt, sie macht sich nützlich. Am Morgen wird der Frachter kommen, und das Bild wird fort.

Mit nichts hat sie sich verraten. Wir sind schlafen gegangen, wie sonst. Sie hat nicht geweint in der Nacht und nur nicht geschlafen. Denn einmal bin ich wach geworden vor einem innerlichen Glücksgefühl, so als stünd’ ich vor dem Eingang zu etwas sehr Hellem, und da liegt sie mit offenen Augen, und ich streich’ ihr darüber, damit sie die zutut, weißt du, und ich fühle an meiner Hand den warmen Hauch von ihrem Mund.

Sehr früh steht sie auf und huscht durch das Zimmer. Das spürt man so im halben Schlaf, aber man denkt sich nichts dabei, denn man ist das gewöhnt alle Tage. Barfuß, damit sie mich nicht stört, ist sie durch die Stube und den weiten,

weiten Weg zum Fluß. Hat sie das die Nacht nicht schlafen lassen? Oder ist es nur plötzlich über sie gekommen? Wer weiß es?

Zu Mittag haben sie sie gefunden. Unter den drei Weiden. Der Spitz ist dabei gesessen und hat geheult, unablässig. Und, sagen sie, sie ist erschrocken, wie sie im Tiefen war, und hat sich retten wollen. Aber ihr Haar, das so sehr reich war, hat sich an den Wurzeln verfangen, und also ist sie elendlich ertrunken."

Seine Stimme brach. Der Spitz erhub ein leises Gewinsel. Petersilka aber fuhr mit aller Anstrengung fort:

„Ich habe mein totes Weib nicht mehr gesehen. Denn ich bin in Ohnmacht hingeschlagen, wie man gestürzt gekommen ist und man mir das erzählt hat, und bin lang ohne jede Besinnung und in einem großen Fieber gelegen. Und wie ich zu mir komm', so ist sie längst begraben gewesen, und es war voller Sommer.

In den Feldern liegt sie. Denn der Herr Pfarrer war nicht zu erbitten, und ich soll das so in meinen lichten Augenblicken und in meinen irren Reden immer befohlen haben, und sie haben sich danach gerichtet. Denn es ist schöner da, wie an der Kirchhofsmauer. Das Korn wogt um sie, und es blühen die bunten Blumen.

Das Bild aber ist nicht fort, weil niemand gewußt hat, was denn damit soll. Und so steht die Kiste noch immer in meiner Stube, und meine beste Arbeit ist darin. Ich hab' sie mit keinem Auge mehr gesehen, und ich weiß nicht, wann ich einmal stark genug sein werde dafür.

Und dann hab' ich mich gewöhnt und hab' langsam wieder an zu malen angefangen. Und ich hab' die Verpflichtung in mir gefühlt, einmal etwas ganz Großes und Eigenes zu leisten. Denn um mich und meine Kunst ist ein großes und sehr kostbares Bauopfer gebracht worden.

Nämlich, einmal und sogar noch im Christentum haben sie bei uns und überhaupt bei allen Slawen geglaubt, soll ein großer Bau gelingen, so muß in den Grundstein etwas Lebendiges mitvermauert werden.

Das ist bei mir geschehen. Verstehst du? Und wenn sie mich heute rühmen und sie machen ein Wesen mit mir, und wie ich die Hanna und ihre Seele verstehe, so ist mir das ganz gleich. Denn ich weiß: die Seele der Hanka ist in mir und schafft aus mir, und ich mag darum nichts Lebendiges mehr malen.

Und ich bin kein Landschafter, wie sie meinen. Und wenn sie finden, ich bin eintönig, so muß ich nur lachen. Denn ich mal' sie und immer nur sie, und ich kann sie gar nicht ausschöpfen.

Da sieht man zum Beispiel die drei Weiden. Und das Wasser ist sehr finster vor ihrem Schatten und ohne Regung, und unter seinem Spiegel ahnt man etwas und kann es nur nicht erkennen.

Oder, da ist ein weiter Himmel gespannt. Und Wolken schieben sich daran zu Haufen. Und eine Sonne dringt vor, und ihre Strahlen irren zwischen Himmel und Erde, und es ist wie eine ungewisse Fröhlichkeit. Nämlich, das war sie, wenn sie ihr schüchternes und schamhaftes Lächeln gehabt hat.

Oder, es ist ein heißer Tag. Und die Ähren neigen sich wie voll Sehnsucht zur Erde, weil der Segen zu schwer wird für sie, und wenn man recht scharf hinhorcht, so glaubt man, man hört die Körner rieseln, die überreif sind und zur Erde fallen. Das war sie, wieder sie, wie sie sich mir gegeben hat, ganz aus sich und weil sie nicht mehr anders gekonnt hat, als sich verschenken.

Oder, es ist Regenstimmung. Und man fühlt, wie Fruchtbarkeit und Erquickung niedertropfte, und alles ersehnt sie und lebt auf. Nur den Sturm, vor dem sich die Bäume biegen, nur ein Gewitter malen kann ich nicht. Denn erzürnt, weißt du, hab' ich sie niemals gesehen." Er schlug in einem plötzlichen Ausbruch beide Hände vors Gesicht. Es rieselte vor, und ein Krampf schüttelte ihn.

Das währte eine Weile, in der ich ergriffen schwieg. Er aber erhob sich stracks. „Und so bin ich hergekommen", sprach er abgewandt. „Weil ich müd bin vom Einerlei und vom ewigen Denken an eine Tote. Und ich möchte frischere Farben greifen.

Und jetzt weißt du, was ich kann und warum ich's kann. Ganz ohne Suchen; und weil es in mir lebt, wie in einem wilden Vogel sein Lied oder in unserer Ebene der rastlose Trieb, nachdem sie sich immer gleich, zu ihrer Zeit begrünt.

Und du wirst verstehen, wenn ich dir sage: ich wäre noch in den Jahren. Aber ich darf mich nicht mehr beweiben und muß einsam bleiben, denn ich weiß nicht, ob sie eine andere dulden möchte neben sich. Und mir wird das oft schwer, und ich weiß, das ist ein hartes Los und man soll mit sich allein abmachen, was einem zustößt, was einen freut und was einen bedrückt. Und ich bin gar nicht dazu. Aber das läßt sich nicht mehr anders machen."

Es war Abend geworden. Er schien uns hell und glühend in die Stube und mahnte mich zum Aufbruch. Noch einmal klangen die Gläser. Jenseits der Donau hob sich ein Gewitter. Er wies darauf hin. „Das ist schiefergrau. Das geht. Und der Strom hat leise, hüpfende und rötliche Lichter. Kann man. Und", er deutete nach dem verbrannten Weinlaub, „da ist viel Rot. Macht sich gut. Und die Wolkenränder glühen die gelbe Sandbank an, daß sie Leben bekommt, und der Wald steht schwarz und steif. Kann man packen. Nur das Licht in den Wolken, das da zuckt und gewittern will, geht nicht, noch nicht, und es macht doch eigentlich alles."

Wir schieden. Er samt seinem Spitz gab mir noch das Geleit bis zum Bahnhof. Ich habe ihn seither nicht mehr gesehen.

Eine Studie von seiner Hand erinnert mich unablässig seiner, und seinen Weg hab' ich verfolgt, der immer in der gleichen Richtung, immer aufsteigend ging.

Ich fuhr heim, durch die herandrängende Nacht und heranströmendes Gewitter. Immer in Gedanken. An eine Kiste, die niemals geöffnet werden sollte und das barg, was ein tüchtiger und ernster Künstler für sein bestes Werk hielt. An einen Landschafter, der meinte, er könne im Figuralen sein Bestes leisten, er habe es einmal bewiesen und durch ein starkes Erlebnis resigniert; der sich bewußt war, er male eine Seele, wo man ihn um Stimmung und Farbe pries.

War es eine Verwirrung der Begriffe? Oder nur eine neue, tiefere Erkenntnis? Wie eigen: „Und sie hieß auch Hanka. Ist das nicht merkwürdig", klang mir's in der Seele nach. Und verschmolz sich hier mannigfaches Erlebnis und eine ganze, große, gesegnete Landschaft, die an sich nichts sein sollte, nur Sinnbild und immer erneuertes Ausdrucksmittel für ein armes, schamhaftes Geschöpf, das einem Einzigen zögernd, ungern, aber ganz sich und seinen Reiz offenbarte, ihn nun völlig erfüllte, ihm Dinge offenbarte, die noch niemand vor ihm so vermocht, aus ihm sprach und schuf und die also sehr dem Gau glich, der diesen Künstler geboren, und in ihm, seinen Werken zuerst ganz und gar jenen Ausdruck fand, der ihm eignete: arm an allem, was blendet, aber Menschen freundlich, sie reichlich nährend und von ihnen geliebt und mit jener Innigkeit umfaßt, die den nimmer läßt, den sie einmal beschlichen hat.

## Die Weltreise des kleinen Tyrnauer

Der kleine Tyrnauer war, und das will ich schon etwas besagen, der überflüssigste kleine Beamte einer sehr großen und mächtigen Bank.

Er zeichnete sich durch gar nichts vor seinen zahlreichen Berufsgenossen in Wien aus, trug sich nach Kräften elegant, war ganz stattlich und besuchte gern ein Literaten-Café.

Das bringt nämlich in den Ruf geistiger Strebsamkeit, der mindestens nicht schädigt. Und weil da immer Journalisten verkehren, die das allerneueste wissen und herumtragen, so saß man an der Quelle manchen Tratsches. Kenntnis davon zu haben, kann aber nur nützen.

Und so verweilte er denn geraume Zeit hinter seinem Berg von Zeitungen, der hier so ziemlich jedem aufgetürmt wurde und horchte mit der größten Spannung auf jedes Wort, das am Nebentisch fiel, auf jeden Witz, der hier, oftmals sorgfältig zu Haus ausgesonnen, improvisiert ward: lachte unendlich innig und herzlich und war wohlgelitten, weil die Kiebitze mit zur Herrlichkeit dieser Gesellschaft gehören.

Und dieses ging so durch Jahre. Bis ein Ereignis eintrat, das ihn selber zum Gesprächsstoff machte, von dem er sein Leben zehren wird. Der kleine Tyrnauer machte eine Weltreise und wurde dadurch eine Merkwürdigkeit sogar in diesem Caféhaus, das von lauter Merkwürdigkeiten besucht ward. Denn er hatte keinen Haupttreffer gemacht; einen unbändigen Forschertrieb hatte nicht einmal der Zahlkellner in ihm gesucht, der sonst, belehrt durch die Erfahrung von Jahrzehnten, in unbärtigen Gymnasiasten den stilisierten, alternden Goethe der Zukunft witterte. Und wenn schon, unsere Banken stellen ja – über Verwendung – überflüssige, kleine Beamten an, aber sie so zu bezahlen, daß sie Weltreisen machen könnten – so unergründlich gütig ist kein Verwaltungsrat in Wien.

Natürlich kannte sich das ganze Caféhaus. Und man war nicht wenig stolz auf die beiden Aristokraten, die von Zeit zu Zeit kamen. Es waren zwei Oberleutnants, der eine bei Dragonern, bei Husaren der andere.

Besonders der bei den Dragonern machte allenthalben ein gewisses Aufsehen, wo er sich zeigte. Er war ein bildhübscher Junge, blitzend vor Lebenslust und von Kraft. Keineswegs dumm; nur sehr bequem in seiner Redeweise. War nicht gewohnt sich anzustrengen und dennoch seiner Wirkung gewiß und sicher zu gefallen, wo er gefallen wollte.

Sie nahmen in der Regel eine Nische für sich ein, tranken Kognak, stierten auf die Gasse und dachten nicht eben viel.

Geschäftlich hatten sie hier nichts zu suchen; denn Geldgeber verkehrten aus guten Gründen da nicht, und einen anderen Zusammenhang mit der Literatur hatten sie nicht, als daß sie sich für eine Schauspielerin interessierten, die eben in der Mode war, und für sie auch Opfer brachten. Trotzdem setzte sich der Dragoner manchmal an den Stammtisch, horchte sehr zerstreut ein wenig, lächelte, trank noch einen Kognak und ging.

Und so kam der große Tag im Leben des kleinen Tyrnauer, der sich inzwischen schon sein bescheidenes Eckchen am Tisch der Berühmtheiten ersessen hatte. Denn einmal – es war noch ziemlich zeitig – trat der Dragoner an die Tischrunde heran und fragte in seiner gelassen hochmütigen Weise: „Will einer von den Herren vielleicht eine Weltreise machen?“ Sonst kein Wort.

Das schlug ein wie ein Blitz. Und ganz so nahm es die Besinnung. War's ein Scherz? Danach sah das Aristokratengesicht vor ihnen nicht aus. Eine Weltreise! Das reizte jeden. Aber was stak dahinter? Der kleine Tyrnauer erfing sich zuerst: „Ich, Herr Graf“, piepte er in seiner Aufregung.

Der Dragoner musterte ihn: „Kriegst denn auch so lang’ einen Urlaub? Auf ein halbes Jahr?“

Darüber war der kleine Tyrnauer außer Sorgen. Er kannte die Wichtigkeit seiner Stellung besser als einer. „Es wird nicht leicht sein, weil ich dort sehr fehle, aber ich werde ihn mir schon richten.“

„Ist gut. Alsdann kommst Du morgen zu mir, und ich sag Dir alles.“ Und kehrte sich und ging mit seinem Kameraden. Draußen fragte ihn der: „Du, was war der Kleine, mit dem Du Dich herumdutzt?“

„Meinst’, ich kann mir ein jeden merken, mit dem ich per Du bin?“ denn er war mit seinen Bruderschaften ziemlich freigiebig. Besonders, wenn er sich im vorgerückten Zustand befand; und um niemanden zu beleidigen, dutzte er jeden. Ob es der zu erwidern wagte, war seine Sache. „Servus!“

„Wohin gehst’ denn?“

„Nach Haus’, halt schreiben.“

„Schreiben?“ Dem Husaren erstickte die Stimme: „Bist närrisch?“

„Ja, schreiben“. Er nahm den Säbel hoch und sah sehr interessiert zu, wie ein hübsches Mädchen die Röcke raffte, um über die Straße zu kommen. Alsdann entfernte er sich langbeinig.

Poldi Kirchnegger aber ging wirklich heim und schrieb wirklich bis in die tiefe Nacht. Und nicht einmal, wie sich sein Kamerad tröstend auslegte, „Amour-Brieferln“.

Er tat’s mit einer finsteren Entschlossenheit und mit verhaltener Wut. Er ging nicht einmal zum Abendbrot. Das mußte ihm der Bursch nach Hause bringen. Und er stärkte sich dazu mit einem hübschen Quantum Rotspohn, und hernach nahm er noch einen Kognak zu sich.

Den nächsten Tag ging es wieder an. Mit gleichem Ernst, aber noch größerem Ingrimm. Weil ein an sich fatales Tun durch die Dauer nicht eben anmutender wird. Erst zu Mittag betrat er wieder das Wiener Pflaster für ein Weilchen, aß, trank einen hastigen Schwarzen und schrieb weiter.

Endlich, noch eh der kleine Tyrnauer kommen sollte, war er fertig. Er tat einige schnelle und starke Lufthiebe, freute sich seiner Gelenkigkeit und Kraft und überflog sein Werk. Er war mit sich sehr zufrieden. Am Ende – das ging und las sich so ganz leidlich. Hätte es sein müssen, so hätte man die Kunst ganz passabel getroffen.

Gottlob – und sein ganzer prächtiger Hochmut regte sich – man hatte das in alle Ewigkeit nicht notwendig. Aber gar so vieles Wesen damit hermachen, das war doch lächerlich. Er wurde ganz lustig dabei, und als der kleine Tyrnauer an seine Türe pochte, da mußte er sich natürlich erst besinnen, wen er eigentlich da vor sich habe, und was er bei ihm wolle; war aber hernach ganz nett zu ihm.

Er gab ihm alle Informationen. Und Tyrnauer verstand wohl nicht, wozu man das von ihm begehre, ganz genau aber, was er zu tun hätte. Denn er war recht geweckt, und die Aufträge zeichneten sich durch große Klarheit aus. Das lernt man beim Kommandieren. Er empfing Fahrkarten, Empfehlungen, Paßkarte, einen ganz annehmlichen Geldbetrag, Briefe mit der strengsten Weisung, wo ein jeder aufzugeben sei. Und zum Schluß, als er schon gehen wollte, gab ihm Kirchnegger noch alle Reisehandbücher darauf, die ihm so böse Stunden bereitet. Er musterte den Weltreisenden, der ziemlich bepackt vor ihm stand, kritisch, und nicht eben erbaut. „Halt, ein bissel anders wenn Du ausschauen tätest, so könnte es nicht schaden“, meinte er und hatte einigermaßen Unrecht damit.

Denn mit ihm konnte sich der kleine Tyrnauer freilich nicht messen. Aber sonst war er ein ganz ansehnlicher Bursche und durfte passieren. Die Hand zum Abschied konnte ihm der Poldi Kirchnegger nicht geben. Denn in der Rechten hielt er eine Zigarette, in der Linken aber die Reitgerte, weil er nach solcher und so ungewohnter Strapazarbeit natürlich das Bedürfnis hatte, sich zunächst durch einen scharfen Ritt und hernach durch einige standesgemäße Zeitungen aufs Gleiche zu bringen.

In derselben Nacht noch dampfte der kleine Tyrnauer nach Süden. Zunächst nach Triest. Von da weiter immer weiter, dem Sonnenaufgang und seinen Wundern zu. Allenthalben, wo er sich seinen Instruktionen gemäß vorstellte, ward er in einer Weise aufgenommen, in der sonst überflüssige kleine Beamte einer noch so großen und mächtigen Bank nicht begrüßt zu werden pflegen. Immer nebliger versank ihm sein Beruf, immer mehr und gläubiger fühlte er sich der verwunschene Prinz aus dem Feenmärchen.

Das Kaffeehaus aber hatte einen neuen und ausgiebigen Gesprächsstoff. Man sprach von des Poldi Kirchnegger unerhörten Launen; von dem unsinnigen Schwein und der Vordringlichkeit des kleinen Tyrnauer, der so an sich gerissen hätte, und doch einem anderen viel wichtiger gewesen wäre.

Je weiter er sich entfernte, desto schwärzer und häßlicher erschien sein Charakterbild den Zurückbleibenden. Während vieler Monate, mit ehrlicher Hingebung ward's immer dunkler untermalt. Es kamen keine Ansichtskarten? Natürlich – er war hochmütig geworden. Wären aber welche gekommen – natürlich er mußte sich patzig machen! Das Rechte war da schwer zu treffen.

Auch der Poldi Kirchnegger war übrigens verschwunden. Ganz spurlos und ohne daß ein Mensch eine Ahnung hatte, wo denn der flotte Junge, der so oft durch dreiste Abenteuer in aller Leute Munde gewesen war, hingeraten sei.

Poldi Kirchnegger war der zukünftige Herr eines ganz ansehnlichen Majorates.[16] Allerhand Stiftsdamen waren auch in der Familie und verzärtelten den hübschen und feschen Jungen in der unerhörtesten Weise.

Er diente für einige Jahre. Als Rittmeister sollte er quittieren, damit er's doch zu was gebracht hätte, ehe er die Verwirtschaftung des ausgedehnten böhmischen Gutes übernahm und sich natürlich standesgemäß verheiratete. Es war da schon eine Erbtochter in Sicht, die sich's garnicht besser wünschte, als einmal Gräfin Fini Kirchnegger auf Kirchnegger zu sein, und die wußte, daß man's in ihren Kreisen vor der Ehe und manchmal auch in ihr nicht gar so streng nahm.

Nun trieb's der Poldi allerdings ziemlich toll. Aber, das war doch nur natürlich, wenn einem die Weiber so nachliefen! Er war ein glänzender Reiter und in allen Künsten, die einem jungen Kavalier zustehen, außerordentlich beschlagen. Er verstand sich auf Pferde, wie ein Roßkamm[17], und auf Weiber, wie keiner. Die ihm einmal gefiel, die war gemacht, um die riß man sich. Im übrigen war er von einer köstlichen Unbildung, von einer naiven und unbesieglichen Frische. Er genoß, wie das nur ein unverkümmerter und gedankenloser Rassenmensch kann, und erhielt sich so springkräftig.

So ging natürlich heidenmäßig viel Geld auf. Da langte keine Apanage, und was die zahlreichen Tanten bekümmert und dennoch innerlich stolz auf den prächtigen Tollkopf zuschossen, das hielt auch nicht lange. Es gab keinen Wucherer in der Wiener Stadt, der nicht schon mit Poldi Kirchnegger zu tun gehabt hätte. Kein Geschäft war ihm zu gewagt, wenn er wieder mal Geld brauchte. Und er trieb's mit Humor. So trug er einmal eine gedörrte Pflaume als Uhranhängsel. Das war damals gewesen, da er zweitausend Sack bosnische Zwetschken erstanden hatte, um sie einem Mittelsmann des hilfreichen Menschen um ein Viertel des Kaufpreises weiter zu geben, weil er doch wissen wollte, wie diese Dinger eigentlich aussehen, an denen man so heidenmäßig viel Geld verliert.

Ein andersmal besaß er einen Park von Lokomotiven, hinreichend, um eine ganz stattliche Bahn zweiter Güte auszurüsten. Auch eine Gemäldegalerie, – die schönsten Namen waren in ihr vertreten – mußte er sich einmal anlegen, dessen Kunstbegeisterung im Grunde nicht über die Freude an „lebenden Bildern" hinausreichte. Es ist nämlich der Wucher bei uns strengstens verboten und mit harten Strafen bedacht, wer aber bosnische Zwetschken oder Lokomotiven oder echte Rembrandts zu fünfhundert Gulden das Stück an sich bringt, um sie, selbst ohne sie gesehen zu haben, vom Besitze unbefriedigt, tunlichst rasch wieder loszubringen, der hat gekauft und verkauft, also ein ganz unanfechtbares Geschäft gemacht, das sich für den Vermittler freilich gut auszahlt, ohne ihm auch nur des mindesten Gefahr oder Einbuße an bürgerlichen Ehren zu drohen.

Eben damals war er aber gründlich verliebt, statt sich wie sonst nur lieben zu lassen.

Geschmack hatte der Poldi Kirchnegger immer gehabt. Das lag im Blut. Und so war denn auch diesmal gegen seine Herzensdame gewiß nichts einzuwenden.

Sie war Schauspielerin. Und sie hätte sogar Talent gehabt, wäre sie vor den mannigfachen Zerstreuungen und Versuchungen ihres Lebens nur dazu gekommen, etwas zu lernen.

So gab's gelegentliche Erfolge, nach denen die Kenner bedauerten, daß solche Anlagen hier nicht richtig gelenkt oder entwickelt würden, daß die kleine Doris im Grunde ein wunderhübsches Schaustück war und blieb.

Sie verstand dieses Bedauern vielleicht nicht einmal. Ihr ging es doch glänzend. Man umschwärmte sie und warb um sie, und es gab keinen Wunsch, den sie sich hätte versagen müssen. Das war doch zu hübsch eingerichtet.

Und man konnte sich gar keine süßere Geliebte ausdenken. Sie hatte keine Launen und sie war niemals muckisch. Und hübscher als sie konnte ein Weib überhaupt nicht sein. Voll Anmut, voll Liebenswürdigkeit: erfüllt vom Lebenshunger derer, denen nur ein kurzes Wandeln im Licht gegönnt ist. Es leuchtete in ihren sanften, braunen Augen, die fast zu groß und zu feucht von Schimmer waren.

Wie ein Kind, so gutmütig ist sie gewesen. Und selbst in ihrem Leichtsinn war etwas kindisch Gutmütiges. Sie ließ sich gerne beschenken, hatte natürlich eine große Freude an Schmuck. Das ließ ihr so gut. Damit allein aber war sie nicht zu gewinnen. Ihr Herz mußte auch dabei sein. Und den Schmuck, mit dem sie gestern einer übereifrig bedacht hatte, den gab sie ihm, wenn er in Verlegenheit war, morgen wieder – ihm oder dem anderen, der ihr über Nacht lieber geworden war.

Es gab damals kein schöneres Paar, als diese zwei. Alle fanden das, und man tuschelte, wenn sie erschienen! Er dreist, sicher und kraftvoll: sie schlank und mit einer leisen und schüchternen Fülle, ganz mädchenhaft und mit so kleinen Händen, daß man gar nicht verstand, wie sie so großes Geld vertun konnten. Denn was Gold sei, davon hatte die Doris so wenig einen Begriff wie nur möglich, und über ihre Zukunft machte sie sich denn auch nicht mehr Gedanken, als ein gut gehaltenes Kind.

Und so verbrachten sie denn eine allerliebste, freilich auch ein sündteure Zeit. Und dem Poldi gefiel sie immer besser, je länger er sie kannte, wie unterhaltlich und wie voll reizender Einfälle sie war. Was man in seinen Kreisen am meisten fürchtet, die Langeweile, das gab es mit ihr niemals. Und sie sprach ganz vortrefflich französisch; und sie konnte sich benehmen, ganz Dame, um ihren Übermut insgeheim austollen zu lassen; und sie spielte sehr hübsch Klavier und sang Couplets, daß alles hellauf und lustig wurde. Kurz – das Gerücht tauchte auf, der Poldi Kirchnegger hätte der Doris das Heiraten in aller Form versprochen.

Das machte ein kleines Aufsehen. Das größte natürlich im Palais Kirchnegger in der Strohgasse.

Dorten kannte man nur zwei Begriffe, nach denen das ganze Leben geregelt werden sollte: standesgemäß und standeswidrig. Es war durchaus standesgemäß, daß der Poldi die Doris aushielt. Denn sie war eine ganz chike Person. Er vertat freilich mehr mit ihr als notwendig, aber das war nun einmal in der Regel so. Höchst standeswidrig aber war es, daß er sie zur Gräfin machen wollte. Das war ein Unglück und unbedingt zu hintertreiben.

Wie aber? Denn der Junge war höchst bockbeinig und drohte mit allerhand Geheimnisvollem, das an sich standeswidrig ist. Und so wurde dann in der Strohgasse ein Familienrat um den anderen unter Beiziehung von Anwälten und von „Geschäftsfreunden" des Poldi gehalten, und so viele Stiftsdamen reisten damals zwischen Prag und Wien, daß ganz ernsthaft an die Einlegung eines neuen Schnellzuges zwischen diesen beiden Städten gedacht wurde. Natürlich – sehr beschleunigt und nur mit Wagen erster Klasse.

Ergebnis: der Poldi hatte die Wahl. Er m u ß t e quittieren und sich zu einem Onkel, der im Ruf tiefer wirtschaftlicher Kenntnisse stand, in's Slawonische begeben, um sich da in der agronomischen Wissenschaft zu vervollkommnen. Er umschrieb das respektlos, um die Mistfuhren laden zu lernen. Oder: er d u r f t e eine Weltreise machen. Ein halbes Jahr und neue Eindrücke, das würde wohl genügen, ihn die Doris vergessen zu lassen. Natürlich eine standesgemäße Weltreise, entsprechend ausgedehnt und mit der Verpflichtung, sich an jeder Station beim Konsul vorzustellen, einen erschöpfenden Bericht über seine Eindrücke an die Seinigen zu verfassen und ihn der Sicherheit halber vom Vertreter der Monarchie ordnungsgemäß beglaubigen zu lassen.

Da war nichts zu machen. Der Poldi Kirchnegger geriet in eine schöne Raserei und zerschmiß an seinem Burschen ein ziemliches Geschirr. Doris lassen? „Ewig nicht!" oder wie er sich der Sicherheit halber ausdrückte: „Noch lange nicht!" Quittieren und im Slawonischen Stulpenstiefel tragen? Fiel ihm nicht ein! Eine Weltreise machen! Zu fad, wenn man so gar keinen Wissensdurst oder Beruf zum Reiseschriftsteller in sich empfand...

Poldi Kirchnegger bewies, daß ein junger Aristokrat noch heutigen Tages für eine große Liebe jeden Opfers fähig ist. Denn er dachte nach: er studierte mit Nutzen und Ernst allerhand Reisehandbücher, und er saß bis in die tiefen Nächte hin und wach, nicht aber in schon sehr fescher Gesellschaft, vielmehr in seinem Kämmerlein einsam und schrieb...

So reiste denn der kleine Tyrnauer ins Blaue und immer Blauere hinein, wie im Wunder immer neuen Wundern entgegen.

Er erfüllte seine Aufträge pünktlich – sie waren am Ende nicht so verwickelt oder schwer zu behalten –, fand sich immer besser und sicherer in seiner Rolle.

Hatte er seine Pflichtbesuche gemacht, den einen oder die mehreren Briefe, nach denen ihm die Dauer des Aufenthalts vorbestimmt war, der Post übergeben, so genoß er es und sah mit gewitzten und immer schärferen Augen.

Aber mit steigendem Schrecken gedacht' er der notwendigen Heimkehr, wann der Märchenglanz, der mit eins in sein Leben eingebrochen war, wieder verrinnen mußte und nichts übrig blieb, als der überflüssigste kleine Beamte einer großen Bank, dem man seine Entbehrlichkeit für mindestens ein volles halbes Jahr amtlich bescheinigt. So empfing er, wie einer, der davon für den Rest seines Lebens wird zehren müssen.

Hochgräfliche Eltern erhielten mit jeder fälligen Post die erwünschten Berichte des Majoratserben und freuten sich inniglich mit ihnen und mit ihrer eigenen Klugheit. Es kostete – gut; aber es konnte unmöglich ganz ohne Wirkung bleiben. Erstaunlich übrigens, wie gut der Junge schreiben konnte. Auch die Tanten Stiftsdamen, die doch öfters zu Büchern kamen, fanden das, und es sei doch eigentlich ganz schade, daß er niemals hatte lernen wollen, und die Briefe gefielen auch jener jungen Dame gar sehr, die sich nichts Besseres wünschte, als einmal Herrin auf Kirchnegger zu sein.

Inzwischen erging es der Doris und dem Poldi Kirchnegger eben auch nicht übel.

Es war ihm noch von der für die Weltreise bestimmten Summe ein ganz hübsches Stück Geld übrig geblieben, denn soviel als ihm ausgesetzt war, kam seinem Stellvertreter doch nicht zu.

Damit mußte nun vernünftig gewirtschaftet werden. Und zwar wurde zunächst eine Villa in Neulengbach gemietet. Das ist eine halbe Stunde Schnellzug von Wien; recht hübsch eingelegen, und es kommt dennoch niemals ein Mensch dahin.

Da nisteten sie sich nun ganz behaglich ein. Und es war wieder niedlich, welche Talente zur Hausfrau die kleine Zigeunerin, die Doris entfalten konnte, wie heimlich unordentlich sie alles einzurichten wußte, welche Würde sie entfaltete. Sie hatte halt Begabung für jede Rolle.

Man war auch nicht gar zu viel allein. Denn sie mußte in Sicht bleiben, sonst hätte man Verdacht geschöpft und Nachforschungen eingeleitet, die leicht zu verdrießlichem Ende, wohl gar zur Aufdeckung des gesamten Schwindels führen konnten. So machte sie denn ihre Proben mit und besorgte ihre Einkäufe; erschien sogar beim Derby, wo sie doch nicht gut fehlen konnte, und bei dem man den Poldi Kirchnegger sehr vermißte. Sie gewann sogar ganz erheblich dabei, die allerliebste Wetterhexe, die in allem Glück hatte, das sie unternahm.

Fuhr sie nach der Vorstellung heim, dann erwartete er sie, den Rockkragen unmenschlich hochgestellt, immer im tiefsten Schatten, damit ihn ja niemand erkenne, schon in Hütteldorf oder mindestens auf dem Bahnhof. Das waren Fahrten, gewürzt durch eine nicht gerade tödliche, aber immerhin ernsthafte Gefahr, kurze Wanderungen voll unsinnigen Reizes. Denn er war noch knabenhaft jung genug, um dieses Versteckenspielen als etwas Köstliches zu empfinden und auszugenießen, und Doris hatte Sinn dafür wie für jedes Abenteuer. An theaterfreien Tagen aber gehörte man einander ganz.

Manchmal kam ein ganz sicherer Kamerad zu Gast.

Das gab dann intime Mahlzeiten, so hübsch, ach so hübsch! Die sich nicht selten zu kleinen Gelagen auswuchsen, belebt durch die unerschöpfliche Laune der Doris, durch ihre Einfälle, durch ihre stockernde und unbesiegliche Lebensfreudigkeit.

Der so etwas mitmachen durfte, der vergaß es nicht leicht wieder und beneidete den Poldi Kirchnegger um den Geniestreich, den hinter dem guten Jungen eigentlich niemand gesucht hätte, und um das unverschämte Schwein, das er dabei gehabt hatte und so selbstverständlich und mit dem Recht des Besitzers genoß.

Und so verging in diesem versteckten und vergessenen, rings von Buchen umzogenen Winkel des Wienerwaldes ein Frühling, wie sie noch keinen verlebt zu haben vermeinten. Er drängte ihnen blühend und freudig entgegen. Weite Ritte ins

Grüne, sich verlierend in Schluchten, dahin sprengend durch schöne Kesseltäler, an deren Rand sich schon die blauen und feierlichen Alpen emportürmten.

Der kleinen Doris, als Stadt- und Theaterkind, war alles neu, alles eine Überraschung. Von einer himmlischen Unwissenheit war sie in diesen Stücken, und er konnt' ihr immer wieder was erklären oder aufzeigen. Auch dies ein Vergnügen. Denn wo hatte sie bisher ihren Sommer verbracht? In Ischl oder in anderen Orten, wo die Natur und die gute Luft eigentlich nur Vorwand für ganz was anderes sind. Und so verging denn ein gutes Teil der Ferien vollkommen nach Wunsch. Und es war im Grunde erstaunlich, wie billig der Spaß kam.

Der Sommer wollte endigen, und die Herbstregen begannen. Wieder nahm Doris ihre täglichen Fahrten in die Stadt auf und wieder brachte sie die neckischsten Geschichten mit, so voll von Feinheiten und Bezügen, daß sie eigentlich nur die Eingeweihten zu würdigen wußten, und erzählte sie mit ihrem ganzen Übermut und ihrer ganzen Schelmerei. Der Poldi aber hörte sie nur mit halbem Ohr und konnte ihnen nicht mehr so ganz gerecht werden. Denn er fühlte sich ausgeschlossen aus einer Sphäre, in der er vordem gern geahnet, und nur durch eine Mittelsperson Anteil daran zu haben, das konnte ihm auf die Dauer denn doch nicht genügen.

So nahe war er an Wien mit seinen tausend Vergnügungen! Und er sollte so gar nichts davon haben, sich herummopsen und in den traurigen Nebel blicken, der zu Morgen und Abend pünktlich aufkroch und brodelte!

Er langweilte sich gründlich. Und alle Künste der kleinen Doris vermochten nichts gegen das fatale Gefühl, an der Schwelle aller Freuden zu sitzen und von ihnen geschieden zu sein. Er beneidete jeden seiner Kameraden; den kleinen Tyrnauer – höchst standeswidrig für Poldi Kirchnegger! – beneidete er, der immer neues sah und genoß – für mein Geld überdies, während er die kleine Doris dazu schon auswendig kannte.

Sie spielte freilich ein paar Stückchen mehr, als die anderen! Im Grunde aber waren sie immer dieselben, und dabei entdeckte er etwas in sich, wofür er niemals Anlage zu besitzen vermeinte. Er wurde eifersüchtig, eifersüchtig auf jeden seiner Kollegen, von dem sie erzählte, auf jeden aus seinem Kreise, dem sie begegnet war.

An sich war der Aufenthalt in der Villa, die denn doch nur für den Sommer gebaut und gedacht war, nicht eben behaglich. Er wurde durch solche Auseinandersetzungen nicht gerade erquicklicher. Die Fahrten durch den Herbstnebel bekamen der kleinen Doris schlecht, sie begann zu hüsteln, und die Abende, an denen sie nicht spielen mußte, waren so endlos lang! Sie war daran nicht gewohnt, noch geneigt, ihm immer eine Rechenschaft über sich und ihr Tun einzuräumen, verstand gar nicht recht, mit welchem Fug man derlei von ihr forderte.

Es kam zu sehr häßlichen Auftritten. Die vertrug sie gar nicht, und sie waren das schlechteste Mittel, sie wieder zu gewinnen. Der Poldi Kirchnegger wußte das wohl und ärgerte sich über sich. Aber er war zu ungezügelt, um sich beherrschen zu können, und aus lauter Gift und Galle vergaß er sich immer wieder und ließ sich hinreißen.

Eines Tages war die kleine Doris verschwunden. Ohne Sang und Klang und ohne jeden Abschied. Sie war nun einmal keine Freundin davon, Poldi Kirchnegger aber blieb ganz allein und hatte Gelegenheit, sich in zwei Künsten, in der Musik und Mathematik, zu vervollkommnen: er blies nämlich Trübsal und zählte Tage.

So trafen zwei große Ereignisse zusammen: der kleine Tyrnauer kam von seiner Weltreise zurück und ließ sich weidlich bestaunen, Poldi Kirchnegger tauchte wieder auf, und allenthalben, wo einer sich dafür interessierte, wurde es bekannt, daß er mit der Doris vollkommen zerstritten und entschlossen sei, sich demnächst standesgemäß zu verheiraten. Die hochgräflichen Eltern aber freuten sich nicht wenig darüber und über ihren weisen und so ganz geglückten Plan. Es gibt eben nichts, das so bildet und einen schlummernden Charakter weckt wie eine Reise.

Auch der kleine Tyrnauer hatte seinen Beruf wieder aufgenommen. Er ist, weil er viel gesehen hat, ganz gut gelitten und kommt hübsch langsam vorwärts in seiner, bald hätte ich geschrieben auf seiner Bank. Auch er ist verheiratet, und sein Speisezimmer ist phantastisch mit Erinnerungen an seine Weltreise dekoriert und sieht garnicht aus wie das eines kleinen Beamten, und es hört sich an wie der Eingang eines Märchens oder wie eine unerhörte Aufschneiderei, wenn er beginnt: „Da ich Gast des Maharatscha von Lahore war..." Und es ist dennoch wahr – das Märchen seines Lebens, von dem man nun nach so viel Jahren wohl sprechen darf, da es recht märchenhaft allen zum Heile geriet.

# Zu dieser Ausgabe

In diesem Band sind vier Erzählungen Jakob Julius Davids enthalten. Die Texte stammen aus folgenden Ausgaben:
*Die Schwachen* – J. J. David, *Gesammelte Werke*, herausgegeben von Ernst Heilbronn und Erich Schmidt. R. Piper-Verlag, München und Leipzig 1908, Bd. 3, S. 33–60.
*Ruzena Capek* – Ebd., Bd. 6, S. 61–116.
*Die Hanna* – Ebd., Bd. 6, S. 117–189.
*Die Weltreise des kleinen Tyrnauer* – *Die Nation* (Wien), 19. 12. 1903.
Die Orthographie wurde unverändert übernommen, offensichtliche Druckfehler wurden stillschweigend berichtigt. Die Anführungszeichen in der Erzählung *Die Hanna* wurden dem heutigen Gebrauch angepaßt.

Das Bild des Buchumschlags schuf der 1861 in Mähren geborene Maler und Radierer Joža Uprka, der, so wird angenommen, David als Vorbild diente für den Maler Florian Petersilka in der Erzählung *Die Hanna*. Zahlreiche Werke von Uprka befinden sich heute z. B. in der Nationalgalerie in Prag, in der Mährischen Galerie in Brünn sowie ein Aquarell im Art Institute of Chicago.

# Anmerkungen des Herausgebers zum Text

1 *französische Geschworene* – eine Anspielung auf verschiedene Fälle in der französischen Justiz, bei denen mildernde Umstände sorgfältig geprüft und in Betracht gezogen wurden, so daß sie schließlich die Schuld des Gattenmordes überwogen.

2 *des wilden Zizka* – Jan Žižka (1370–1424), tschechischer Heerführer aus der Hussitenzeit, ursprünglich Landedelmann. Die Hussitenkriege werden in der tschechischen Historiographie unterschiedlich beurteilt, siehe František Palacký (1798–1876), Alois Jirásek (1851–1930) oder Josef Pekař (1870–1937) u. a. Vgl. auch Nikolaus Lenau, Johannes Žiška (1840); Alfred Meißner, Ziska (1846) u. a.

3 *Scheiterhaufens von Konstanz* – In Konstanz wurde der tschechische Reformator und Priester (in seiner Lehre u. a. von Viklef ausgehend) Jan Hus (1371–1415) als Ketzer verbrannt. Vgl. auch Josef Mühlberger, Hus im Konzil (1931) u. a.

4 *Gelsen* – die Gelse, österreichischer Ausdruck für Stechmücke.

5 *Bruderschaft mit den Italienern* – vgl. S. 30: „Ja freilich, es gibt kein böseres Volk als die Welschen, die Taljani, die dazumal im Dorf gearbeitet."
Vgl. auch Božena Němcová, Babička (Die Großmutter, 1856) oder Franz Kafka, Das Schloß (1926) u. a.

6 *Haderlak* – österreichischer Ausdruck für einen Mann in zerlumpter Kleidung oder für einen verkommenen Kerl. Hader bedeutet hier nicht nur eine heftige Meinungsverschiedenheit, sondern auch Lappen (tschechisch: hadr).

7 *ein richtiger Hannak* – der Hannake, Angehöriger eines mährischen Volksstammes, der in der Hanna-Gegend lebt (tschechisch: Hanák). Ein „richtiger Hannake" trug und trägt heute noch bei verschiedenen festlichen Gelegenheiten die Volkstracht.

8 *Göpelwerk* – das Göpelwerk, mit Zugtier bewegte Vorrichtung zum Antrieb von Arbeitsmaschinen (z. B. Dreschmaschinen). In der Schweiz verwendet man den Ausdruck der Göpel oder das Göpelwerk für eine alte, nicht mehr fehlerfrei funktionierende Nähmaschine, im übertragenen Sinne des Wortes auch für ein altes Fahrrad oder für einen alten, rostigen Kraftwagen.

9 *Starosta* – tschechischer Ausdruck für den Gemeindevorstand, Dorfvorsteher, Schultheiß, Landrat u. ä.

10 *in einer Keuschen* – die Keusche, österreichischer Ausdruck für ein kleines Bauernhaus.

11 *dem Bosnickel* – der Bosnickel (= böse + Nikolaus), ein österreichischer und bayerischer Ausdruck für einen boshaften Menschen.

12 *Piaristen* – Der Piaristenorden ist ein in den böhmischen Ländern besonders im 17. und 18. Jahrhundert stark verbreiteter Mönchsorden (gegründet 1617 in Rom). Dieser Orden hat sich um die Gründung vieler Schulen verdient gemacht.

13 *Glast* – der Glast, oberdeutscher und dann auch poetischer Ausdruck für Glanz (der Sonne z. B.).

14 *ein richtiger Hannak* – siehe Anm. 7.

15 *lettigen Feldern* – lettig, älterer Ausdruck für tonhaltig, lehmhaltig.

16 *Majorates* – das Majorat (wie Majoratsgut), dem ältesten Sohn zustehendes Erbgut.
Vgl. Jakob Julius David, *Das Höferecht* (1890).

17 *ein Roßkamm* – der Roßkamm = der Pferdestriegel. Früher meinte dieser Ausdruck (wie in diesem Fall) einen Roßtäuscher, der sich auf Pferde verstand.

# Nachwort

„... Ich halte es für Unrecht, würd' ich ganz vergessen ..." (J. J. David an Erich Schmidt, Ende Oktober 1906)

Nach den Worten Stefan Zweigs war Jakob Julius David „einer der besten Dichter Österreichs".[1] Der strenge und gefürchtete Karl Kraus bezeichnete ihn als einen „der wenigen anständigen Menschen der Wiener Literatur".[2]

David ist am 6. Februar 1859 in Mährisch-Weißkirchen (Hranice), einer nordmährischen Stadt, als Sohn eines wohlhabenden jüdischen Pächters geboren. In der Familie herrschte der deutsche Lebensstil. Sein Vater war despotisch, die Mutter Karoline, geborene Mandel, entstammte dem armen jüdischen Ghetto. Trotz aller Mühe war sie nicht imstande, sich zu den Kindern eine enge Beziehung zu schaffen.[3] Die Kindheit Davids war „unerquicklich genug"[4], und es war dann eine wahre Katastrophe, als im Jahre 1866 während des Preußisch-Österreichischen Krieges Davids Vater plötzlich an Cholera starb. Die finanzielle Situation in der vielköpfigen Familie war nach dessen Tod schwierig, die Erbschaft allzu klein, die Kinder mußten sich zu Verwandten begeben, die Familie zerfiel. Jakob Julius, der derart weder die mütterliche noch die väterliche Liebe kennengelernt hatte, mußte sich früh allein um seine Existenz kümmern.

Nach dem Tod des Vaters lebte er zuerst in einem kleinen südmährischen Dörfchen namens Žilina bei seinem Onkel, der Pächter eines Bräuhauses war. Seit 1868 besuchte er das Gymnasium in Kremsier (Kroměříž), einer schönen mährischen Stadt, wo er mit der tschechischen Sprache und Kultur in engeren Kontakt kam und nach eigenen Worten die Slawen gründlich kennenlernte.[5] Doch wechselte er während des Studiums in weitere Städte, im März 1870 kam er nach Teschen (Těšín), bald darauf nach Troppau in Schlesien. Die Troppauer Zeit war für den Studenten von großer Bedeutung. An sie knüpften sich seine ersten Theatereindrücke, seine ersten dichterischen Versuche. Schließlich kehrte er nach Kremsier zurück. Seine Studienerfolge waren spärlich. Vielleicht war es auch eine Folgeerscheinung der Typhuserkrankung, die seine Schwerhörigkeit und Kurzsichtigkeit verursachte, vielleicht war Mangel an Fleiß schuld daran, daß die Schulergebnisse kläglich waren. Schon in Teschen wurde er wegen Unterrichtsstörung oft getadelt und bestraft. Im letzten Gymnasialjahr in Kremsier galt er sogar – den Schulnoten nach – als der schlechteste Student der Klasse.[6] Die Matura legte er in Kremsier am 18. September 1877 ab.[7] In demselben Jahr begann er in Wien Germanistik bei Richard Heinzel, Erich Schmidt und Robert Zimmermann zu studieren.

Über seine Studienjahre hat man vieles erzählt und geschrieben. Nach den nicht bestätigten Worten eines seiner Universitätskollegen hungerte er oft. Man sagt, er habe sogar des öfteren Nächte unter Brückenpfeilern am Donaukanal verbringen müssen.[8] David selbst schildert in seinem Gedicht *Not* diese elende Zeit:

Du bist in meinen Kinderjahren
Seitdem ich denke, mir vertraut;
Ich habe oftmals, sonder Zagen,
Ins ernste Auge Dir geschaut.

Ich habe viel mit Dir gerungen,
So sieglos und so ohne Ruhm.
Und ausgekostet, durchgerungen
Dein voll und ganz Martyrium.

Du gabst ins Herz mir bittre Reue,
Nahmst jedes Glück, das sich mir bot:
Und doch, ich liebe Dich, Du Treue,
Du meine beste Freundin, Not.

Denn ob vor Deinem rauhen Walten
Mein Jugendglück – wie bald! – entschwand:
Wohl mir! ich habe ausgehalten –
Durch Dich gekräftigt hielt ich stand![9]

Nach dem Studium an der Wiener Universität konnte er wegen seiner Schwerhörigkeit nicht den Beruf eines Schullehrers ausüben; er hat also nur privat unterrichtet, mußte jedoch fast „an allen Tagen schulmeistern".[10]

In diese Zeit fallen die literarischen Anfänge Davids. Der Text seines melancholischen Märchens in Versen *Die Glokken* ist verschollen. Das am Anfang der sechziger Jahre entstandene epigonenhafte, von mittelalterlicher Hofepik stark beeinflußte Epos *Avelun* wird als Handschrift in der Wiener Staatsbibliothek aufbewahrt, wurde aber nie gedruckt.[11] Das genaue Entstehungsdatum des nicht beendeten und erst 1910 in Zeitschriftenform als Torso veröffentlichten Gedichts *Die Heimkehr*[12] läßt sich nicht genau feststellen. Dieses Gedicht trägt aber schon verschiedene Züge des späteren Schaffens Davids.

Im Jahre 1883 starb Davids Mutter.[13] David hatte seine Mutter vorher jahrelang nicht gesehen und sich ihr völlig entfremdet. Nachdem er von ihrer Krankheit erfahren hatte, eilte er dennoch zu ihr, kam aber zu spät:

*Der Mutter*

Du starbst, und ich war nicht zugegen,
Hab nicht die treue Hand gedrückt;
Du starbst und gabst mir nicht den Segen,
Hast mir zu meinen wirren Wegen
Den Scheidegruß nicht zugenickt.

Ich bin allein seit vielen Jahren,
Und trag' es klaglos, wie ich muß;
Nur hätt' ich gerne doch erfahren,
Wie lind auf früh ergrauten Haaren
Liegt einer Mutter Abschiedskuß.

Still geh' ich weiter, ach alleine!
Und finster ist's, wohin ich seh',
Und wenn ich klage nicht, noch weine –
Mein ganzes Leben scheint mir eine
Tiefbange Klage und ein Weh![14]

Davids erstes Auftreten vor der Öffentlichkeit trägt ebenfalls das Datum 1883. In der Anthologie *Dichterbuch aus Österreich* veröffentlichte er neben dem erwähnten Gedicht *Der Mutter* das national gesinnte Gedicht *Die Elbe rauscht*, das David später vergaß und nie in seine Sammlungen aufgenommen hat. Dieses Gedicht beweist, daß die Entwicklung Davids zu einem recht positiven Verhältnis dem tschechischen Milieu gegenüber nicht ohne Komplikationen verlief. Es ist das einzige nationalistisch gesinnte Gedicht im gesamten Werk Davids („... Wehrt eurer edlen Sprache Mord, / Daß stets ich grüß' in meinem Land,/ Deutsche in Böhmen!").

Interessant dabei ist, daß nur wenig später ein anderes Werk, und zwar die autobiographische Erzählung aus Kremsier *Drei Weihnachten*, entstand, deren Handschrift sich in der Wiener Nationalbibliothek befindet.[15] Dort sieht jedoch der Standpunkt Davids zur deutsch-tschechischen Beziehung völlig anders aus: David tadelt die Deutschen in Mähren, daß sie Tschechisch nur verstehen, wenn sie wollen, und daß sie, obzwar sie das Tschechische vielleicht erlernen können, nicht imstande seien, die Sprache der tschechischen Landschaft, der tschechischen Natur zu begreifen.

Davids Beiträge wurden nun immer häufiger veröffentlicht, zum Leben reichte es jedoch nicht. Deshalb mußte

David die Möglichkeit begrüßen, als Journalist zu arbeiten, zuerst in der von Karl Emil Franzos redigierten *Neuen Wiener Illustrierten Zeitung*. In der Redaktion lernte er Fräulein Hermance de Potier[16] kennen, und er verliebte sich. Sie war eine leichtsinnige Dame der höheren Gesellschaft, die David später mit den Worten einer seiner Gestalten charakterisierte: „Was geht es mich an, was morgen ist! Ich leb' derweil, und ich will leben!“[17] Davids Liebe und schließlich seine Enttäuschung fanden Ausdruck in seiner ersten Sammlung *Ein Winternachtstraum* (1891):

> Die Arme breit' ich aus. Wozu? Wonach?
> Nach rechtem Glück? Ich hab es nie genossen.
> Die Türe selbst, durch die ein Lichtstrahl brach
> In meines Lebens Nacht, ward jäh geschlossen.[18]

Als Ausdruck seines Strebens nach gesellschaftlicher Emanzipation läßt sich seine Abkehr vom Judentum und auch sein Doktorat der Philosophie (1889 erlangt) begreifen. Trotzdem hatte David nie die Absicht, sich der wissenschaftlichen Arbeit zu widmen, er hielt sich sogar immer für einen Autodidakten und gestand, nicht philosophisch denken zu können.

Zu dieser Zeit wurde sein erster Roman *Das Höferecht* (1890) in Buchform herausgegeben, der zuvor noch in der *Deutschen Zeitung* unter dem Titel *Fanny* erschienen war. Die Handlung ist einfach – ein Streit um das Erbe endet tragisch mit einem Brudermord –, der Stil verrät den künftigen Meister, vor allem ist die ursprüngliche Titelgestalt überzeugend gezeichnet. Die letzte Szene – ein Gespräch der Mutter mit ihrem Sohn, der im Streit in ungeheurem Jähzorn seinen Bruder erschlagen hat – ist zu episch und wirkt eher lehrhaft als lebendig.[19]

Im Jahr 1891 heiratete David. Seine Frau Juliane Christine, geborene Ostruszka, stammte aus Schlesien und war polnisch-jüdischer Abstammung. Am 20. Februar 1895 wurde die Tochter Marlene geboren. Im selben Jahr erschienen Davids historische Novellen unter dem Titel *Die Wiedergeborenen*; obzwar sie historische und religiöse Themen aufgreifen, standen weder Geschichte noch Religion im Mittelpunkt des Interesses Davids, sondern der Mensch, das Individuum mit seinen elementaren überzeitlichen Problemen. In der Vergangenheit suchte und fand der Verfasser einen Schlüssel zur Gegenwart. Das im 17. Jahrhundert spielende Drama *Hagars Sohn* (1891) schildert einen Vater-Sohn-Konflikt, ein Thema also, das erst später die deutsche Literatur beherrschen sollte. In Prag war die Inszenierung dieses Stükkes erfolgreich, in Berlin und Wien fiel das Drama durch.

Sein zweiter Roman *Das Blut* (1891) ruht ganz und gar im Mährischen. Die Handlung des Romans spielt in der Gegend um Neutitschein (Nový Jičín). Die tragische Geschichte der kleinen Gabriela ist stark determiniert aufgefaßt, das leichte Komödiantenblut ihrer verkommenen Mutter wird ihr zum Schicksal, obzwar ihre Erziehung bei Tante und Onkel sehr streng ist. Obwohl David die Geschichte fast genau datiert und lokalisiert – März 1878, eine Kreisstadt an der Oder (wahrscheinlich geht es um Petrovice, woher Davids Frau stammte) –, wollte der Verfasser sicher nicht eine historisch getreue Geschichte, sondern das individuelle Schicksal einer Ausnahmegestalt erzählen. Ein Jahr später erschien die Novellensammlung *Probleme* (1892), deren Stoff das Alltagsleben bot, wobei die Handlung einerseits in Mähren, andrerseits in Wien spielt. Hier werden Einflüsse der russischen Realisten sichtbar, vor allem Turgenjews: „Der deutsche Realismus ähnelt viel mehr dem der Russen als dem der Franzosen oder Skandinavier. Etwas Geniales liegt immer im

Slawischen. Es schmeidigt die gar zu spröde deutsche Art", betont David selbst.[20]

Die Atmosphäre des Dreißigjährigen Krieges wird in der Novellensammlung *Der Frühschein* (1896) geschildert. Die Sammlung *Vier Geschichten* (1899) schöpft dagegen aus der Gegenwart und enthält drei tragische und eine – bei David eher die Ausnahme – humoristisch gelaunte Erzählung.

In den Jahren 1894 bis 1903 versah David die Stelle eines Redakteurs des *Neuen Wiener Journals*. Neben Feuilletons, populären Artikeln, Theaterkritiken und Essays verfaßte er einige hundert Leitartikel. Außerdem schrieb er Beiträge für zahlreiche Zeitschriften und Zeitungen, wie z.B. für die *Allgemeine Zeitung, Ämtliche Wiener Zeitung, An der schönen blauen Donau, Berliner Tageblatt, Deutsche Rundschau, Frankfurter Zeitung, Heimat, Montagsrevue, Nation, Neue freie Presse, Österreichische Rundschau, Quelle, Die Wage, Westermanns Monatshefte, Wiener Mode, Wiener Zeitung, Die Zeit* und viele andere. Der Umfang dieser journalistischen Tätigkeit war enorm, denn David hatte für seine Familie „zunächst Brot, und zwar Brot in anständiger Form zu beschaffen".[21]

Das künstlerische Schaffen führte David neben seiner journalistischen Arbeit fort. Sein Roman *Am Wege sterben* (1900) schildert das Schicksal der jungen proletarisierten Gelehrtenwelt, zu der sich David auch rechnete und für die die Großstadt vor allem Enttäuschung und schließlich Verderben bedeutete. Viele scheiterten tatsächlich „am Wege". Dieser stark autobiographische Roman ist von Reminiszenzen an die mährische Heimat durchdrungen.

Der Roman *Der Übergang* (1902) erinnert thematisch an die *Buddenbrooks*, künstlerisch bleibt er jedoch zurück, nicht nur hinter dem berühmten Werk Thomas Manns, sondern auch hinter manch anderen Werken Davids.

Das bedeutendste Werk Davids – die Novellensammlung mit dem Titel *Die Hanna*[22] – wurde 1904 herausgegeben. Die Novellen spielen alle im mährischen Milieu. Den Gipfelpunkt seines Schaffens erreichte David in der Novelle, die der Sammlung den Titel gab. Trotz aller Tragik ist diese Geschichte eines Künstlers und seiner Liebe als eine Ode an das mährische Geburtsland zu verstehen, an die mährische Natur und an die mährische Frau. Hanka Jerab ist wohl das schönste Frauenbild im Werk Davids. Den Worten des tschechischen Vermittlers beider Kulturen, Pavel Eisners, nach, ist „Hanka ... eines der Denkmäler auf dem Wege des deutschen Dichters zur tschechischen Weiblichkeit".[23] Es wird angenommen, daß David das Vorbild für den Künstler in der Persönlichkeit des berühmten mährischen Malers Joža Uprka (1861–1940) gefunden hat. Das war das letzte Werk in Buchform, das David selbst herausgab. Sein Organismus war schon damals angegriffen, sein Gesundheitszustand ließ viel zu wünschen übrig, nicht einmal zwei Reisen nach Italien brachten Besserung.[24] Sein vorzeitiges „Sterben war wie sein Leben: qualvoll und doch erhebend".[25] Er starb „am Wege", am 20. November 1906, an Lungenkrebs.

Jakob Julius David hatte einen unglücklichen Charakter und war selbst „seines Unglücks Schmied".[26] Manchmal beklagte er die Isolierung des Künstlers in der Gesellschaft[27] und fühlte sich überflüssig auf der Welt:

> Ich hab' kein Haus, ich hab' kein Nest,
> Ich hab' kein Hochzeit und kein Fest;
> Ich hab' kein' Hof, ich hab' kein Feld,
> Ich hab' kein' Heimat auf der Welt.
> Am Himmel selbst der Schauerstrich,
> Den fürchten sie nicht so wie mich;
> Mir geht's nicht gut, mir geht's nicht schlecht –
> Und so, gerade so ist's recht.[28]

Im Leben und im Werk war er von dem philosophischen Pessimismus Arthur Schopenhauers stark beeinflußt. Mit dieser Weltauffassung hängt auch seine Schaffensart zusammen: Mühevoll ordnete er einzelne Wörter zueinander, er stritt mit dem Ausdruck, mißtraute jedem, der leicht schuf; er fürchtete sich vor der Mode in der Literatur, jegliche Manier lehnte er entschieden ab. Alles nahm er zu ernst. In sein Schaffen legte er seine ganze Persönlichkeit – aus diesem Grund sind viele autobiographische Elemente in seinem Werk zu finden.

Jakob Julius David stand dem tschechischen Volk sehr nahe. Seine historischen Erzählungen stützen sich auf seine Kenntnis des mährischen Milieus, und auch seine übrigen Erzählungen sind herber, härter und auch akzentuierter als die von Marie von Ebner-Eschenbach (1830–1916) und Ferdinand von Saar (1833–1906), die beide ebenfalls im mährischen Milieu ihre Inspiration suchten.[29] Auch soziale Motive im Werk Davids sind stärker und eindrucksvoller gestaltet.

Es ist unklar, bis zu welchem Grad David das Tschechische beherrschte. Seine deutsch orientierte Ehefrau behauptete, ihr Mann habe Tschechisch überhaupt nicht sprechen können[30], Ella Spiero setzt jedoch dagegen, daß David bis zu seinem zehnten Lebensjahr ausschließlich Tschechisch gesprochen habe. Beide Aussagen scheinen ungenau zu sein. Die Familie, in der David geboren und aufgewachsen ist, führte einen deutschen Lebensstil, David besuchte nur deutsche Schulen, sowohl in Fulnek, wohin die Familie aus Mährisch-Weißkirchen übersiedelte, als auch in Žilina und im Gymnasium in Kremsier. Man weiß, daß David Tschechisch lernte; so liebte er das tschechische Sprüchlein „Nedejme se!“ („Ergeben wir uns nicht!“), das er immer nur in der tschechischen Sprache zitierte und als seine Lebensparole deklarierte.[31] Nach Peter Goldammer[32] erscheint es sogar zweifelhaft, ob David mit seinen mährischen Erzählungen überhaupt der österreichischen Literatur zugerechnet werden darf; Josef Körner glaubt, daß David, „ein Menschenalter später geboren, ein tschechischer Dichter geworden wäre".[33] Pavel Reimann[34] führt an, David sei aufgrund seiner tiefen und aus innigster Überzeugung entspringenden Sympathie zum tschechischen Volk totgeschwiegen und von der großdeutschen Literaturgeschichte boykottiert worden. David selbst war sich der Tatsache bewußt, daß er nicht dort lebte, wo er hingehörte. Viele ziel- und heimatlose Gestalten in seinen Werken geben diesem Gefühl Ausdruck: „Überall Gast! Ewig Gast! Und gar nirgends zu Hause!"[35]

David also sprach kaum Tschechisch, obzwar er seinen eigenen Worten zufolge nach dem Tod seines Vaters zu Verwandten in die Hanna geschickt worden war, um – unter anderem – auch die zweite Landessprache (d. h. Tschechisch) zu erlernen.[36] Tschechische Brocken kommen im Werk Davids selten vor, so z. B. die tschechische Vokativform eines Vornamens („Du, Madleno!, Du Cyrillku!" in der Novelle *Cyrill Wallenta*) oder ein tschechischer Ausdruck wie „Sogar Starosta konnt' er werden" in der Novelle *Ruzena Capek*, wobei „Starosta" auf deutsch „Schultheiß" bedeutet.

David selbst empfand sich selbstverständlich als deutsch. Das Slawentum erfuhr er als Umwelt seiner Kindheit, als ein immer lebendiges Erlebnis der Jugend. Er erlebte es besonders in Kremsier in den Bewohnern der mährischen Hanna.[37] Es muß jedoch die innigste Erfahrung seines Herzens gewesen sein, denn er hat in seinen Werken das Wesen des tschechischen Dorfvolkes geschildert wie kaum ein deutschschreibender Dichter vor ihm, auch wenn man Marie von Ebner-Eschenbach und Ferdinand von Saar in Betracht zieht. „Jener weiche Mollton der Slawen"[38] ist bei David überall spürbar. Auch ihn, wie später Rainer Maria Rilke, „rührt so sehr des böhmischen [im Falle Davids: mährischen] Volkes Weise".

Das Sehnen nach der mährischen Heimat spiegelt sich in seinem Tod: Ähnlich wie der Förster in seinem Roman *Am Wege sterben*, wie Adriana Dudenweerde in der Novelle *Das Totenlied* oder Dr. Piecha in der Novelle *Digitalis* sehnte auch er sich kurz vor seinem Tod nach einer Reise in die Heimat; diese Reise hat er auch noch gemacht. Noch auf dem Sterbebett diktierte er Skizzen zu einem Zyklus, der den Titel *Heimatboden* tragen sollte.[39]

Man kann sagen, daß in Davids Werk sich drei wesentliche Stoffkreise erkennen lassen. Sie überschneiden sich selbstverständlich an bestimmten Stellen, jedoch führt die Entwicklung des Dichters von der Historie über das Wiener Milieu in die mährische Heimat. Obzwar dieser Band vor allem der Gestaltung der mährischen Landschaften und Menschen in der Prosa Davids gewidmet ist (*Die Schwachen, Ruzena Capek, Die Hanna*), ist hier ebenfalls ein Stück eingereiht, das in Wien spielt.

Die Novelle *Die Weltreise des kleinen Tyrnauer* fand ich in der Wiener Zeitung *Die Nation* vom 19. Dezember 1903. Der Inhalt der relativ kurzen Novelle ähnelt so sehr dem berühmten und viel später verfaßten Roman Thomas Manns *Bekenntnisse des Hochstaplers Felix Krull*, daß man – ohne das künstlerische Niveau beider Werke vergleichen zu wollen – fast mit Sicherheit sagen kann, daß sich Thomas Mann bei David inspirieren ließ. Als ich anläßlich einer internationalen literaturwissenschaftlichen Konferenz in Liblice bei Prag einige Stellen aus der Novelle Davids zitierte, war unter den Teilnehmern kaum jemand, der diese Zitate nicht für Kurzproben aus dem *Felix Krull*-Roman gehalten hätte, was selbstverständlich nur durch die Kürze und Schnelligkeit des Vortragens bedingt war. Aufgrund der Ähnlichkeit der Stoffe verdient diese Novelle, in diesem Band publiziert zu werden.

Die Novelle *Die Schwachen* gehört zu den Jugendarbeiten Davids. Als diese mährische Novelle zum erstenmal erschien (*Westermanns Monatshefte*, Band 64, September 1888, S. 809–820), war David nicht einmal dreißig Jahre alt. Die Novelle wandelt das aus *Höferecht* bekannte Motiv zweier Brüder, vielleicht das Kain-Abel-Motiv. Hier ist es die Geschichte zweier Bauernsöhne, Heinrich und Thomas Grenzer, denen beiden ein Dorfmädchen gefällt. Schon der erste Satz der Novelle – „Der Bauernhof wollte nicht einschlafen" – erweckt Spannung; es wird sofort die Stimmung einer drohenden Gefahr geschaffen. Der ältere Bruder, Heinrich, hatte vor Jahren der Mutter zuliebe und dem kategorischen Wunsch des Vaters folgend auf den ihm zustehenden Hof verzichtet zugunsten seines jüngeren, schwächeren Bruders. Er kehrt jedoch zurück, weil für ihn Land und Hof seine Heimat bedeuten und sich „sein Bauernblut mächtig regte". Seine Rückkehr fordert den Konflikt der Brüder heraus. Der „stärkere" Heinrich muß zum zweitenmal auf seine Liebe verzichten, seine Mutter erfleht zum zweitenmal seinen Verzicht, diesmal nicht auf den Hof, sondern auf das Mädchen. Er, der „Stärkere", ist hier der Gescheiterte, der Geschlagene. Sein Bruder, der Schwächere, verwandelt seine Schwäche zum Vorteil, indem er sie als Erpressungsmittel einsetzt. Grundsätzlich geht es hier jedoch weder um den Hof noch um das Mädchen, es geht um die Heimat und ihren Verlust in einem ungleichen Kampf. Die Worte des riesengroßen Janko, den „seine Annerl schlägt", geben den Schlüssel zu dieser Novelle: „... es geht nicht, Herr. Ich bin stark, und sie ist schwach. ... Wäre sie nur so stark wie ich, dann wär's gut. Mit einem, der so ist wie ich, kann ich raufen. Aber sie ist zu schwach, Herr, und da ist nichts zu machen."

Ähnlich spannend beginnt die Novelle *Ruzena Capek*: „Der Prozeß ist annoch beim Kreisgericht Ungarisch-Hradisch anhängig." Was für ein Prozeß? Da muß man weiter lesen, der Leser wird neugierig und tritt gleich „in medias res". Während die vorige Novelle auf einem deutschen Bauernhof in Mähren, im Kuhländchen, spielt, ist diese Handlung auf einem tschechischen Hof angesiedelt. Die Nationalitätenfrage interessiert jedoch den Verfasser nicht; es ist nie klar gesagt, ob diese oder jene Person sich zur tschechischen oder deutschen Nationalität zugehörig fühlt, ob dieses oder jenes Gespräch auf deutsch oder tschechisch geführt wird, das ist – für den Leser, für den Verfasser und wohl auch für die handelnden Personen – irrelevant. Růžena Čapková – deutsch Ruzena Capek – ist eine Tschechin. Der Vorname der Heldin ist tschechisch, zu Ruzena wäre Rosa ein deutsches Äquivalent, dagegen ist Teresa, der Vorname ihrer Schwester, neutral; die tschechische Form wäre Tereza, was im wesentlichen identisch ist. Der Vorname Wojtech – die tschechische Schreibweise wäre Vojtěch – ist ein durchaus tschechischer Vorname, dem der deutsche Vorname Adalbert entspricht. Jeder – ein Tscheche oder ein Deutscher – sollte vor allem „ein richtiger Hannak" sein, ob er Petrasch (tschechisch Petráš) oder Hermann heißt.

Das tschechische Dorf ist in seinen Gegensätzen charakteristisch dargestellt, den Bauern ist ein „Haderlak" gegenübergestellt. Der starke und häßliche Hermann, der „wie ein Gnom" aussieht, ist ein Schurke, der erneut seinen Lastern verfällt, so daß sein Tod im ganzen Dorf erleichtert aufgenommen wird. Doch die Protagonistin geht am Ende der Handlung „in die Stadt, aufs Gericht", um ihr Recht einzufordern. Auf den Ausgang des Falles „sind viele begierig", doch bleibt er ungewiß, „denn wir haben nicht französische Geschworene".

In der Gestalt der Heldin der Novelle *Die Hanna*, in Hanka Jerab (tschechisch Hana Jeřábová, Hanka ist ein tschechisches Deminutivum), ist das innere, verborgene Wesen, die leibgebundene Seele der Heimat verkörpert. In ihren Augen „steht eine Seele darin, die nur noch nichts von sich selber weiß“; sie ist ja erst siebzehn Jahre jung. In ihr sind Naturfrömmigkeit und Gottgläubigkeit untrennbar, ihr jegliches Tun strahlt eine unsägliche Reinheit aus, sie ist „von einer Schamhaftigkeit und Keuschheit, die sich nicht besagen läßt“. Diese Novelle ist die Tragödie eines Dorfmädchens, das nicht imstande ist, seinen inneren Konflikt zu lösen. Sein Tod ist die äußere Form seines inneren Sterbens. Die Seele der Hanka ist die Seele der Hanna.

Jakob Julius David, der die Novelle *Die Hanna* wohl vor allem für sich selbst und aus seinem Herzen schuf, ist völlig in die Stimmung des Volkes und dessen Lieder hineingewachsen, die Orte, in denen er lebte, werden zu Schauplätzen der Handlungen seiner Prosawerke. Bezeichnende, selbst geschaute Einzelheiten regten ihn an. Die Vielheit der Stämme, die Verschiedenheit der Kulturen zeichnet er anschaulich nach. Das Bauernleben, das er selbst lebte oder leben wollte, steht im Mittelpunkt.[40] Bruchlos damit verschmolzen ist in dieser bedeutenden Novelle noch ein anderer Aspekt: die Künstlerproblematik. In feiner psychologischer Einfühlung und eindrucksvoll sich steigernder Erzählweise schildert sie den besessenen Maler, der über seiner Kunst die keusche Seele der geliebten Frau vergißt. So nimmt *Die Hanna* auch einen gewichtigen Platz in der stattlichen Reihe der deutschen Künstlernovellen des 19. Jahrhunderts ein.

Für Davids Leben und Werk, für seine Beziehung zu seinem Heimatland, sind seine Worte symptomatisch:

„Mein teures Heimatland, mein teures Mähren!“[41]

Jiří Veselý

# Anmerkungen zum Nachwort

1 Stefan Zweig, Dem Gedächtnis Jakob Julius Davids, in: Österreichische Rundschau, 1906, S. 217–219.

2 Karl Kraus, Die Grüßer, in: Die Fackel, März 1921, S. 561–567. Auch in: Karl Kraus, Ausgewählte Werke, Bd. 2, 1914–1925. Berlin (Ost) 1971, S. 352.

3 Nach Ella Spiero, Jakob Julius David. Leipzig 1920, S. 10.

4 Jakob Julius David, *Der Vater*, in: Wiener Abendpost, 22. 11. 1906.

5 Jakob Julius David, *Autobiographische Skizze*, in: Literarisches Echo, Jg. 4, 1901/2, Spalte 529.

6 Neben einem „nicht genügend" in Mathematik und neben einer Menge „genügend" (Ausnahme bildeten nur Stenographie und Religionslehre mit „befriedigend") war auch sein Fleiß in manchen Disziplinen als „rücktretend" bezeichnet, im ganzen dann als „hinreichend". Sogar sein „sittliches Betragen" war im ersten Halbjahr nur mit „entsprechend", erst am Ende des Jahres mit „lobenswert" bewertet. Das alles ist dem Katalog der achten Klasse im Schuljahr 1877 (Kremsier) entnommen (Kreisarchiv Kremsier mit Sitz in Holešov/Holeschau). David war also keineswegs „ein fleißiger Student", für den ihn *Die Weltliteratur* (Jg. 17, Nr. 10, S. 1) ausgibt, und auch die Behauptung Heinrich Glücksmanns (in: J. J. David, *Ein Poet?* Leipzig 1909), David habe am Gymnasium in Deutsch und Geschichte exzelliert, ist stark übertrieben.

7 Die Angabe, daß David die Matura in Troppau abgelegt hat (z.B. in: Dichterbuch aus Österreich, Wien 1883, S. XXV), ist falsch.

8 Vgl. u. a. Ella Spiero (wie Anm. 3), S. 23. – Siegfried Freiberg, in: J. J. David, *Endlos währte die Nacht*. Graz/Wien 1957. – Hans Effenberger, in: Deutsche Arbeit, Prag, Jg. 7, 1907/8, Nr. 7, S. 448–450. – Peter Goldammer, Jakob Julius David,

ein vergessener Dichter, in: Weimarer Beiträge, Berlin (Ost), 1959, Nr. 3, S. 323–368. – Erich Schmidt, Vorwort, in: Jakob Julius David, *Gesammelte Werke*. Hrsg. von Ernst Heilborn und Erich Schmidt, München/Leipzig 1908, Bd. 1, S. XI. Es sei für die Geltung Davids mit Nachdruck darauf hingewiesen, daß kein Geringerer als Erich Schmidt, einer der bedeutendsten Germanisten seiner Zeit, die Ausgabe der *Gesammelten Werke* veranstaltete und das Vorwort verfaßte.

9 Jakob Julius David, *Not*, in: *Gesammelte Werke*, Bd. 1, S. 2. In der Stadtbibliothek in Wien werden unter der Signatur N.I.N. 110 666 nicht näher identifizierte Notizen aufbewahrt, in denen man lesen kann: „Wenn David [in seinen Werken] das Studentenelend so oft und wahrheitsgetreu schilderte, so beruht dies nicht auf seinen eigenen Erfahrungen, sondern auf Beobachtungen an Freunden und Landsleuten." Verfasser dieser Zeilen ist höchstwahrscheinlich Frau Julia David, mit der Absicht, diese Lebenszeit ihres Mannes zu idealisieren. Nach E. Spiero (wie Anm. 3) hatte David nur ein Stipendium bezogen, und es reichte nicht, weil er es in ein paar Tagen beim Billard verspielte. Damit hängt auch die Behauptung Franz Schamanns (in: Österreichische Rundschau, Wien, Jg. 23, S. 429) zusammen, daß der gescheiterte Student Förster aus dem Roman *Am Wege sterben* keine Charakterzüge Davids, sondern die eines seiner Kollegen trage. Diese Behauptung beruht jedoch – wie expressis verbis erklärt wird – auf den Informationen von Frau David.

10 Jakob Julius David an Marie von Ebner-Eschenbach, ohne Datum, wohl zwischen 1887 und 1889. Wiener Stadtbibliothek, Signatur I. N. 56 176.

11 Ebd., Signatur Aut. I. N. 110 656.

12 In: Österreichische Rundschau, 1910.

13 Es war also nicht mehr während der Studienzeit Davids, wie man ab und zu angibt (z.B. P. Goldammer, wie Anm. 8, S. 327).

14 *Gesammelte Werke* (wie Anm. 8), Bd. 1, S. 1. – Es gibt verschiedene Varianten des Textes. Die erste Strophe, in der die Unterschiede am deutlichsten sind, heißt in der ursprünglichen Fassung: „Sie mußten dich zur Ruhe legen, / Eh' mich

dein bleicher Mund geküßt! / O Mutter, deinen letzten Segen/ Auf meinen krausen, wirren Wegen, / Wie hab' ich schmerzlich ihn vermißt."

15 Vgl. Jiří Veselý, Eine unveröffentlichte Erzählung J. J. Davids, in: Philologica Pragensis, Praha, 1969, Nr. 3, S. 171–174 (mit dem Text der Erzählung). Das Manuskript der Erzählung wird in der Nationalbibliothek Wien unter der Signatur Ser Nov 4835 verwahrt.

16 Hermance de Potier, geb. in Preßburg 1863, wird von Sophie Pataky im Lexikon deutscher Frauen der Feder, Bd. 2, Berlin 1898, angeführt.

17 Kitty Baronesse Herterich im Drama *Ein Regentag*, in: *Gesammelte Werke* (wie Anm. 8), Bd. 3, S. 220.

18 Jakob Julius David, *Ein Sehnen*, in: *Gesammelte Werke* (wie Anm. 8), Bd. 1, S. 42.

19 Diese Szene wird verschieden beurteilt, auch als „eine der stärksten Szenen der modernen Epik" (Karl Kreisler, Jakob Julius David, in: Witiko, 1931, S. 277); man behauptet, die Mutter nehme zuletzt eine fast antikische Dimension an (Hans Kloos, Jakob Julius David als Novellist. Brüx 1930, S. 19), ihr Abschied vom Sohn habe eine „altbiblische Wucht und Eindringlichkeit" (ebd.) u. ä.

20 Jakob Julius David, *Vom Slawischen in der deutschen Literatur*, in: Die Zeit, 24. Mai 1902, Nr. 399, S. 120–122.

21 Erich Schmidt, Vorwort, in: J. J. David, *Gesammelte Werke* (wie Anm. 8), Bd. 1, S. VI.

22 Die Hanna ist ein fruchtbarer Landstrich zwischen der March und ihrem Zufluß, der Hanna.

23 Pavel Eisner, Milenky. Praha 1930, S. 37.

24 „Ich fühle mich ganz lediglich, mehr nicht, aber ich habe wieder einiges Vertrauen in mich" (J. J. David an seine Frau aus Italien, 1904. Wiener Stadtbibliothek, Aut. I. N. 110 665).

25 Anna Caspary, In memoriam Jakob Julius David, Cöln 1908.

26 Ernestine Lothar, in: Zukunft, Mai 1909, S. 288.

27 Vgl. den Brief J. J. Davids an Max Halbe vom 20. Oktober 1897, zitiert nach Hermann Groeneweg, J. J. David in seinem Verhältnis zur Heimat. Graz 1929, S. 28.

28 Jakob Julius David, *Gesammelte Werke* (wie Anm. 8), Bd. 1,

S. 35. Etwas verändert auch in der Erzählung *Die Schwachen*, ebd., Bd. 3, S. 60.

Siehe auch in diesem Band S. 27! – Verse vertont von Karl Goldmark (1830–1910).

29 Vgl. Jiří Veselý, Marie von Ebner-Eschenbach – Ferdinand von Saar – Jakob Julius David. Wechselseitige Beziehungen, in: Acta Universitatis Carolinae. Philologica I, Germanistica Pragensia, VII, 1976, S. 119–129. Auch: ders., Ebner-Eschenbach – Saar – David. Tschechische Elemente in ihrem Werk und Leben, in: Lenau-Forum, Wien, Jg. 1, 1969, Folge 3–4, S. 25–45.

30 Jakob Julius David, *Autobiographische Skizze* (wie Anm. 5). Dazu auch: ders., *Vom Slawischen in der deutschen Literatur*, in: Die Zeit, 24. 5. 1902, Nr. 399, S. 120–122.

31 Jakob Julius David, *Autobiographische Skizze* (wie Anm. 5).

32 P. Goldammer (wie Anm. 8).

33 Josef Körner, Jakob Julius David, in: Literaturblatt für germanische und romanische Philologie, 1931, Nr. 1, S. 29ff.

34 Pavel Reimann, Literární podobizny. Praha 1957.

35 Jakob Julius David, *Ein Regentag*, in: *Gesammelte Werke* (wie Anm. 8), Bd. 3, S. 275.

36 Vgl. dazu die biographische Notiz, N. I. N. 110666 in der Wiener Stadtbibliothek.

37 Um Mähren „zu lieben und schildern zu können, muß man ihm entsproßen sein. Ein fruchtbarer Boden nicht so zu Latifundien zusammengeschlossen, daß dazwischen nicht Raum für eine tüchtige und mäßig begüterte Bauernschaft bliebe. Dürftige Reize der Landschaft, die heimlich zu Herzen reden. Etwa schöne und alte Bäume, die über einem stillen und spiegelnden Wasser die grünen Kronen verschränken; zwischen unendlichem Gewoge der Saaten aufleuchtend weiße Bauernhöfe. Stille Städte, verträumt am Alltag, erwachend an den Märkten, darin sie die bunten Trachten der roten oder blauen Hannaken und der Slovaken aus dem Gebirge erfüllen, das sich dämmerhaft und blau am Rande der Ebene emporhebt". (J. J. David, *Marie von Ebner-Eschenbach*, in: Die Zeit, 1. September 1910, Nr. 310).

38 J. J. David, *Gesammelte Werke* (wie Anm. 8), Bd. 7, S. 51.

39 Plangemäß sollte *Heimatboden* folgende Teile haben: 1. *Jugendland* (siehe: Wiener Abendpost, 1. 9. 1906). – 2. *Ahnenschloß* (ebd., 22. 9. 1906). – 3. *Heimkehr* (ebd., 25. 9. 1906). – 4. *Der Vater* (ebd., posthum, 22. 11. 1906). – 5. *Die Stadt des Comenius* (Prager Tagblatt, 17. 11. 1923). – 6. *Schreckensverwandte.* – 7. *Religiöses.* – 8. *Die Tante.* – 9. *Ausklingen.*

40 Vgl. Hans Kloos, J. J. David als Novellist (wie Anm. 19).

41 J. J. David, *Die Heimkehr*, in: Österreichische Rundschau, Jg. 23, Nr. 6.

# Inhalt

Deutsche Bibliothek des Ostens *bei* Nicolai

BACZKO, LAUSON, LINDNER u.a.
Königsberger um Kant
Hrsg. Joseph Kohnen

OTTO JULIUS BIERBAUM
Studentenbeichten
Hrsg. Norbert Honsza

GEORG DEHIO
Kunstgeschichte als Kulturgeschichte
Hrsg. Eugen Thurnher

MARIE VON EBNER-ESCHENBACH
Parabeln und Märchen
Hrsg. Norbert Gabriel

JOSEPH VON EICHENDORFF
Schlesische Tagebücher
Hrsg. Alfred Riemen

KARL EMIL FRANZOS
Erzählungen aus Galizien und der Bukowina
Hrsg. Joseph Peter Strelka

BOGUMIL GOLTZ
Kindheit in Warschau und Königsberg
Hrsg. Marek Zybura

FERDINAND GREGOROVIUS
Idyllen vom baltischen Ufer
Hrsg. Eugen Thurnher

CARL HAUPTMANN
Erzählungen aus dem Riesengebirge
Hrsg. Gerhard Kluge

VIKTOR HEHN
Goethe und das Publikum
Hrsg. Eugen Thurnher

JOHANN TIMOTHEUS HERMES
Sophiens Reise von Memel nach Sachsen
Hrsg. Wojciech Kunicki

THEODOR GOTTLIEB VON HIPPEL
Und nun in Königsberg!
Hrsg. Joseph Kohnen

E.T.A. HOFFMANN
Der Artushof und andere Erzählungen
Hrsg. Hans Eichner

KARL VON HOLTEI
Jugend in Breslau
Hrsg. Helmut Koopmann

NIKOLAUS VON JEROSCHIN
Chronik des Preußenlandes
Hrsg. Achim Masser

EDUARD VON KEYSERLING
Fürstinnen
Hrsg. Richard Brinkmann

LEOPOLD KOMPERT
Ghetto-Geschichten
Hrsg. Burkhard Bittrich

HEINRICH LAUBE
Reisenovellen
Hrsg. Gerard Koziełek

ADOLPH VON MENZEL
Reiseskizzen aus Preußen
Hrsg. Marie Riemann-Reyher

LUDWIG PASSARGE
Aus dem Weichseldelta
Hrsg. Hartmut Boockmann

KARL ROSENKRANZ
Königsberger Skizzen
Hrsg. Hermann Dembowski

FERDINAND VON SAAR
Mährische Novellen
Hrsg. Burkhard Bittrich

ADALBERT STIFTER
Der Waldgänger
Hrsg. Karl Konrad Polheim

HERMANN SUDERMANN
Die Reise nach Tilsit/Jolanthes Hochzeit
Hrsg. Heinz-Peter Niewerth

ERNST WICHERT
Eine litauische Geschichte
Hrsg. Helmut Motekat